20世纪中国教育家画传

主编：储朝晖

ZHANG BOLING HUAZHUAN

张伯苓画传

梁吉生　张兰普　著

四川教育出版社

图书在版编目（CIP）数据

张伯苓画传 / 梁吉生，张兰普著. —成都：四川教育出版社，2011.12
（20世纪中国教育家画传 / 储朝晖主编）
ISBN 978-7-5408-5623-6

Ⅰ.①张… Ⅱ.①梁… ②张… Ⅲ.①张伯苓（1876~1951)–传记–画册
Ⅳ.①K825.46-64

中国版本图书馆CIP数据核字（2011）第212148号

责任编辑	张纪亮
封面设计	何一兵
版式设计	王 凌 张 涛
责任校对	伍登富
责任印制	田东洋
出版发行	四川教育出版社
地　　址	四川省成都市锦江区三色路266号
邮政编码	610023
网　　址	www.chuanjiaoshe.com
印　　刷	北京市兆成印刷有限责任公司
制　　作	四川胜翔数码印务设计有限公司
版　　次	2012年5月第1版
印　　次	2022年4月第3次印刷
成品规格	170mm×230mm
印　　张	16
书　　号	ISBN 978-7-5408-5623-6
定　　价	48.00元

如发现印装质量问题，请与本社调换。电话：（028）86259359
营销电话：15208205647　　邮购电话：（028）86259605
编辑部电话：15884467278

总　序

张明远

　　2007年3月5日，温家宝总理在第十届全国人大第五次会议的《政府工作报告》中郑重宣布：要提倡教育家办学。这个问题的提出显示出中国急需教育家却又缺少教育家。《国家中长期教育改革和发展规划纲要（2010~2020年）》更明确提出："造就一批教育家，倡导教育家办学。"

　　然而，现今即使是专门从事教育工作的人，对怎样才是真正的教育家却也没有清晰的认识。为解决这一问题，中央教育科学研究所研究员储朝晖与时任四川教育出版社社长安庆国在编写一套《20世纪中国教育家画传》丛书的想法上不谋而合，这对传承、传播中国20世纪教育家的办学理念，弘扬其教育精神和优秀思想，促进教育家办学的早日全面实现十分有益，也十分必要。

　　这套丛书所选择的十位传主是经过教育史专业的学者海选而产生的，他们是王国维、蔡元培、陶行知、张伯苓、胡适、梅贻琦、黄炎培、徐特立、陈鹤琴、晏阳初，我认为他们确实代表了20世纪对中国教育有巨大影响的教育家群体。

　　这套丛书突出传主的教育思想、办学理念、办学实践，尤其凸显传主的教育家精神；强调以史料为依据，对传主的教育贡献作客观评价，实事求是，还原历史，避免主观，不做有意拔高，全书插入大量珍贵历史图片，以图文并茂的方式呈现历史画卷,使得丛书具有了较高的学术价值、收藏价值以及观赏性和可读性。同时,丛书主编精心挑选各位传主研究方面的专家担任各分册作者,较好地保证了整套丛书的编写深度和质量。其中黄延复研究梅贻琦、宋恩荣研究晏阳初、梁吉生研究张伯苓、戴永增研究徐特立、金林祥研究蔡元培、储朝晖研究陶行知都有二十多年了。我与储朝晖第一次见面是在1988年,他拿着一封方明的信来找我,正是为了查阅北京师范大学图书馆特藏部的陶行知研究资料。北京大学图书馆研究馆员邹新明研究胡适、西南大学教授谢长法研究黄炎培、陈鹤琴外孙柯小卫研究陈鹤琴、华东师范大学徐旭晟博士研究王国维,他们也都是长期从事相关研究的专家学者,堪称黄金组合。这套书将有助于读者更好地领会各位教育家的精神真谛。

希望这样一套难得的好书,能激励有志教育的人成为教育家,切实有效地推动中国的教育家办学进程。

今日正诸生立志之时

（1916年12月23日）

张伯苓

　　今日为时甚促，不获与毕业诸生作竟日谈，惟临别赠言，贵精不贵多。且平时每星期三之修身班演讲，诸生苟能悉记不忘，便已为益宏多。然在今日喋喋也，诸生居此四年，明岁虽仍有留校不去者，然究竟非全数，一旦分离升转他校，或置身社会，总宜先立定宗旨。盖青年人平日埋首学校，所练习所得者，均为养吾身心、长吾志气之具，出而遇风波险阻，恃吾心志以抵触之。正道所在，他非计也。非然者随流逐波，图暂时之苟活，失一生之人格，则生命何足贵哉！且夫今日正诸生立志之时，无论各具何长，要皆能发扬倡大，以备国家干城之选。设无志者也，则飘萍靡定终无所获，与禽兽何异？

　　舟之浮海，行必有方，使无准的，达岸何时？如今日国家者，岂非失向孤舟颠簸（原文为颠波）于狂风巨浪中耶！诸生果如此舟，则莫如投之海洋以自沉。使尚欲有为于国中也，望各立尔志，急图自新。志不必尽同，亦不必尽信人言；一己所得，未必便合人意，人云亦云，殊非立身之道。盖人贵有价值者，一己之决断力耳。今日毕业，正中学学业之结束期，非学便于此止也。出而问世，不可浪用，不可放用，不可乱用。深求专学，尤望不可自萎。临别忠言，语短情长，听之择之，是在诸生矣！

　　　　　　　　　　　　　（张伯苓时任南开学校校长。本文原为"校长训词"，
　　　　　　　　　　　　　　由周恩来笔录。题目是编者加的。）

目录 Contents

目录 Contents

一　绪　言

张伯苓与母亲、妻子、弟、妹及孩子。

　　张伯苓这个名字，现在已经很少有人知道了。在民国时期可不是这样，张伯苓就像蔡元培、胡适他们一样，是个著名的大教育家。正如1946年老舍和曹禺联袂赋诗所称赞的：

　　知道有中国的，

　　便知道有个南开。

　　这不是吹，也不是嗙，

　　真的，天下谁人不知，

　　南开有个张校长！

　　2011年10月25日，中共中央政治局常委、国务院总理温家宝在天津调研时，回到母校南开中学。在同师生们谈话时，他强调指出："张伯苓先生自创办南开之日起，就善于借鉴世界优秀文明成果，紧密结合中国国情，坚持自主办学，重视教育改革和创新，提倡个性教育和多样化教育，推崇'独立之精神，自由之思想'，努力培养全面发展的人才。"[1]这是对张伯苓教育人生的礼赞，是对其办学特质的精辟概括。

　　张伯苓早在清朝末年，即觉悟强国之道，首以兴学为本，遂

[1]《温家宝：同南开中学的师生们谈心》，2011年10月29日《光明日报》。

献身教育,创办了包括南开中学、南开大学、南开女子中学、南开小学和重庆南开中学在内的南开系列学校,亲任南开中学校长四十余年、南开大学校长(首任)近三十年。在几十年的风雨岁月中,哺育了包括周恩来、梅贻琦、陈省身、吴大猷、曹禺、叶笃正、刘东生、吴阶平等在内的诸多南开学子的成长。

张伯苓有着丰富的教育经历,长期活跃在文化教育的第一线,历任直隶高等学堂总教习、清华学校教务长、直隶女子师范学校校长、西南联合大学校委会常委,以及中山大学、清华大学、东北大学、北京师范大学、齐鲁大学、金陵大学、天津工商学院等学校理事,故宫博物院理事,中国乡村建设学院董事会董事,中国教育学术团体联合会理事长等。他还长期担任中华全国体育协进会理事长、历届全国运动会裁判长,并多次率领中国运动员出国参加远东运动会体育竞赛。上海圣约翰大学、美国哥伦比亚大学和加利福尼亚大学先后授予他名誉博士学位。

教育是张伯苓终生热爱的事业。晚年他曾深情地说:"教育是我青年时期的志愿,是我中年的生命,是我老年的安慰。使我老而不颓唐,仍然贾勇前进的还是教育。"[1]这是教育家办教育的情怀。为了教育救国的一念之诚,他完全放弃了做官升迁、坐拥富贵的机会。张伯苓曾说:"我既无天才,又无特长,我终生努力小小的成就,无非因为我对教育有信仰,有兴趣而已。"[2]张伯苓用"热爱"和"信仰"为教育写下了有力的注脚,用他75年平凡的脚步走出了一片教育辉煌。

近代中国新旧交替、积弱积贫的社会现实,赋予张伯苓这一代教育家更沉重的使命感和忧国情怀。他说:"我日夜所努力所希望者,欲二三十年内之世界史中有一章曰'新中国之觉悟与崛起'。""我之教育目的在以教育之

---

[1]梁吉生撰著:《张伯苓年谱长编》(下卷),人民教育出版社2009年版,第352页。
[2]胡适:《教育家张伯苓》,《南开校友》第2卷第2期,1948年10月。

力量,使我中国现代化,俾我中国民族在世界上得到适当的地位,不致受淘汰。"[1]这就是张伯苓一生矢志不渝的心愿,也是他一生献身教育的根本动力。每个时代都有其时代课题需要解决,教育家总是在解决所处时代的教育问题中绽放思想的光辉。

封建传统教育的积弊是中国教育近代化的阻力。张伯苓在清除传统教育影响,倡导与探索新教育中表现出令人崇敬的先锋作用与开山精神。办学伊始,他就把"德智体三育并进"、"德育为万事之本"奉为南开教育的圭臬,独辟蹊径,把学生引出"死读书"的泥淖,张扬青少年的天性与潜在智慧,自由活泼蔚然成为校风。他让体育成为南开学生一项光彩、自信的生活内容;他把话剧变成南开特有的文化符号;他把性教育破天荒地引进课堂,为面带羞赧的中学生们开辟了修炼人性的新天地。

教育从来不是先知先觉者的领地,唯有亲历亲为地实践才能让教育家拥有自信和正确导向。张伯苓办教育有过曲折,付过"学费"。他曾经以日本为师,也照搬照抄过美国教育,尝过苦头的张伯苓终于觉悟到"概皆洋化"之路行不通,最后得出结论:教育落后固然是中国之病症,而教育不能联系中国国情尤为中国之大病,"教育宗旨不可仿造,当本其国情而定"。张伯苓教育思想的这一质的飞跃,直接导演出南开教育的一系列改革。南开大学明确宣布以"土货化"为学校根本方针,即"以中国历史、中国社会为学术背景,以解决中国问题为教育目标"[2]。这是张伯苓为近代中国化教育作出的重大贡献。张伯苓的教育实践证明,单纯趋同某种潮流,固守某些"固定观念",必然会泯灭思想原创动力,教育就不能生气蓬勃。

张伯苓手订"允公允能,日新月异"的南开校训,明确提出要培养学生爱

---

[1] 王文俊、梁吉生等编:《张伯苓教育言论选集》,南开大学出版社1984年版,第181页。
[2] 王文俊、梁吉生等编:《南开大学校史资料选(1919~1949)》,南开大学出版社1989年版,第39页。

国爱群的公德,以及服务社会的能力,再一次展现了其教育思想的价值导向意义。温家宝总理称这八字校训是南开的灵魂,他说:"南开之所以涌现出一大批志士仁人和科技、文化俊才,是因为她有自己的灵魂。"[1]"公能"校训,成为南开人的"共同性格",它铭刻着张伯苓解读教育真谛的不朽徽记。

张伯苓在中国教育史上占有不朽的重要地位。张伯苓的人生轨迹,已经烙印在流逝的岁月时光里,似乎已从单纯的文字幻化成一幅幅鲜活的画面。本书名为"画传",以图文互补的方式,尽呈可读性、知识性,多角度、多侧面传达张伯苓的人生故事。愿以此奉献读者面前,共同回眸历史老人张伯苓以及他身后常起风云的独特历史风景。

---

[1]《温家宝:同南开中学的师生们谈心》,2011年10月29日《光明日报》。

二　塾师的儿子

行驶在海河中的运输帆船。

　　坐落于华北平原东北部的天津，汇集了华北五大支流的海河从市区蜿蜒而过，东流入海，自元、明时期，就成为南方和海外进入北京的要冲。1858年，英法联军攻占大沽炮台，清政府被迫与俄美英法签订《天津条约》，天津成为中国第一批对外通商口岸中的一个，这既让它最先感受到西方列强文化与经济侵略的疼痛，也促成它成为中国近代史上开风气之先的城市。东西方政治、文化、军事、经济的冲突与融汇，打破了清王朝一统政治的桎梏，孕育了近代天津各色人等的风云际会，激发了天津人睁眼看世界、师夷长技以强国的强烈愿望，也成就了张伯苓这样一位大教育家。

　　张伯苓祖籍山东，祖上在天津开了一爿粮行，叫"协兴号"。其祖父名筱州，因屡试不第而致癫狂，未届不惑即去世。其父名云藻，字久庵，精于弹奏琵琶，人称"琵琶张"，以设馆授徒为业。2008年10月，温家宝总理接受俄罗斯记者采访时说："张伯苓先生是天津人，和我同乡，也是同村。"[1]这是指张伯苓的父亲张久庵曾经在天津宜兴埠温世霖的温氏家塾任教，一度举家落户宜兴埠，后来温张两家还有了姻亲关系。

　　张久庵年轻时先娶妻胡氏，不久胡氏病故，续娶杨氏。1876年4月5日张伯苓就诞生于这个家道中落的塾师之家，张久庵时年已

[1]《温家宝接受俄罗斯记者采访》，2008年10月30日《人民日报》。

张伯苓的父亲、母亲。

43岁了，喜得贵子，如久旱逢甘霖，视张伯苓若掌上明珠。以后又生两女，在张久庵59岁时又添了伯苓的弟弟张彭春。从此张家结束了二世单传，人丁兴旺起来。

张伯苓长到5岁时，父亲亲自给他开蒙，教他读四子书。那时，初学是童蒙，上课叫上书，方法是教一段，念一段，不止念一遍，至少念一百遍，这叫"读书百遍，其义自见"。这是古人求根本智的秘诀。张伯苓禀赋很高，每天可以背上六七百字的经书，不但记得住，而且烂熟于胸，颇让老父高兴。多年以后，张伯苓还能不假思索地将《大学》、《论语》的经典语句讲给他的学生，古老典籍不变的价值，升华成新的精神力量，使传统文化释放出新的生命活力，汩汩滋润孩子们的心田。天津耆宿于泽九曾为张久庵像题诗："功名蹭蹬老风尘，寄傲弦歌乐此身。置散投珠殊自得，读书有子不嫌贫。"张伯苓很喜欢这首诗，后来很长时间都把它挂在自己的房间，回忆随父读书的情景。

张久庵除了教张伯苓读书，还对他进行立志教育。张伯苓回忆说："当余尚梳小辫时，先父曾有言：'人愈倒霉，愈当勤剃头、勤打扮。'这就是说总当洁净光滑，表示精神。"[1]

---

[1] 喻传鉴：《七十年来之校长张伯苓先生》（1944年），梁吉生撰著：《张伯苓年谱长编》（下卷），人民教育出版社2009年版。

　　张伯苓从父就读的时间并不长。因为张久庵常常要应付几处塾馆，终日奔忙，不能携子随读，便只好求情让张伯苓在同族本家的塾馆附读。

　　张伯苓附馆读书没多久，这家塾馆告停，张伯苓失学。张久庵不愿让儿子荒废学业，于是四处求援。有位刘先生设义学教授贫寒子弟，张伯苓遂入义学读书。义学实际上是一些贫寒子弟接受粗疏教育的场所，不可能研读深

张伯苓（后左）、张彭春（后右）与父亲等。

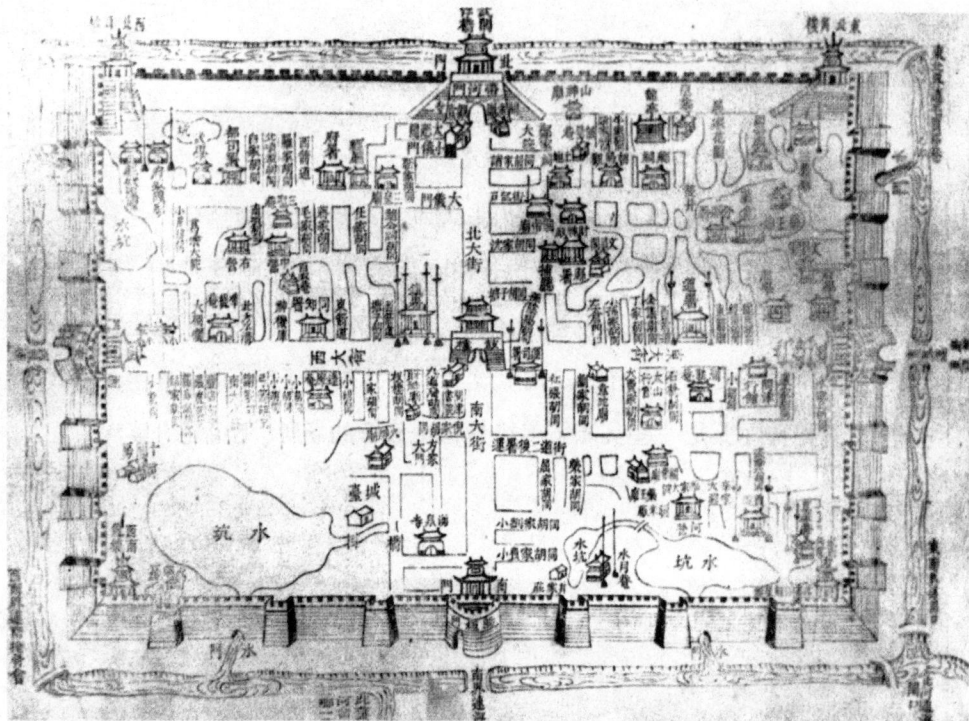

19世纪末的天津城。

奥的经传，因此张伯苓少年时代较少受到举子业熏陶，国学根基并不精深。这对他以后比较快接受西方新知识，反倒成了一个有利条件。

在义学时，张伯苓有机会接触了更多贫家子弟。他们一起出入学馆，一起玩耍。同时，义学生活也使他感受了世态炎凉。一些子弟看不起义学的学生，社会上的无赖少年也欺侮他们。张伯苓性情刚直，每次路见不平，便挺身相助。义学同学十分看重张伯苓的朋友义气。张久庵对他也不深责，常说："不可以为此挫伤他的正义之气。"张伯苓从小就养成不怨天尤人、不怕困难、顽强奋斗的精神。后来他在教育事业上百折不挠，迎难而上，与他的这种精神品质有很大的关系。

转眼张伯苓已经十二三岁，年近花甲的父亲仅靠舌耕维持全家的生计，越发力不从心，张伯苓已不大可能像别人家的孩子一样无忧无虑地终日泡在经书里。少年张伯苓开始了新的人生选择。

三　　“教育是我青年时期的志愿”

北洋水师学堂旧址。

严复的学生

1889年秋，张伯苓考入天津北洋水师学堂，入驾驶班，学习驾驶。张锡祚在记述张伯苓的这段生活时说："这个水师学堂，请的是洋教授，教的是新学，用的是洋文，念的是洋书，开洋船，使洋枪、洋炮。总之，到这里来上学，叫做上洋学。当时一般人的思想还不大开通，清政府为了多招学生起见，不但学费全免，管吃管住，而且每月津贴每人白银四两五钱。先生不满十四岁，考入了北洋水师学堂……一方面要念书，一方面还靠津贴来养家。"[1]

北洋水师学堂是直隶总督兼北洋通商大臣李鸿章在筹办北洋海军过程中创立的，校址位于天津城东八里的贾家沽道机器局西（今天津市东局子一带）。学堂教员以西人为主，留学英国、被鲁迅称为"19世纪末年中国感觉敏锐的人"的严复任总教习，后来严复又任会办（副校长）、总办（校长）。

北洋水师学堂学制五年，四年堂课，一年上船实习。堂课分中学、西学，计有英文、地域图说、算学（至开平方、立方）、几何（原本前六卷）、代数（至造对数表法）、平弧、三角法、重学、化学、格致、测量天象、推算经纬度诸法、驾驶诸法等西学课程，中学课程设有读经和国文。体育课程有击剑、刺棍、木棒、拳击、哑

---

[1]张锡祚：《张伯苓先生传略》，《天津文史资料选辑》第8辑，天津人民出版社1980年版。

北洋水师学堂学生上课情形。

铃、算术竞走、三足竞走、跳远、跳高、跳栏、足球、游泳、平台、木马、单杠、双杠等。学生课业相当繁重。四年课程结束之后，由北洋大臣大考，中试者派上练船实习一年。实习科目包括大炮、洋枪、刀剑、操法、弹药利弊、上桅接绳、用帆诸法，一切船上应习诸艺，都能通晓。实习的一年中，要参加春、秋两次考试。两次考试，如皆能中试，准保以把总候补。

北洋水师学堂于1900年八国联军攻入天津时被毁。从创建至停办历时20年，北洋水师学堂培养了一批通晓西学和掌握近代海军技术的人才。郑汝成、王劭廉、黎元洪、伍建光、张伯苓、温世霖等均为水师学堂毕业生。著名女作家冰心的父亲谢葆璋与张伯苓是同学，他没有毕业就离开了水师学堂。抗战期间，冰心的儿子在重庆南开中学读书，冰心每次去学校见到张伯苓，张就拍着她的肩膀用天津话向别人介绍："她的父亲是我同班！"

近代科学文化知识的学习，使张伯苓大开眼界。他学习刻苦，凡是教习要求的，他都按规定完成。学堂规定，驾驶科每月十五日放假一天，允许学生家长来堂看视。每到假日，张伯苓总是把积攒的月银如数交给父亲。端午节、中秋节各放假三天，他也舍不得虚度。勤奋的学习，使他成了驾驶班最好的学生，春、夏、冬三季小考成绩俱佳，秋季大考也多是名列前茅。兵操全班第一，他最善爬桅杆，身形敏捷，爬得最快，连校长严复都知道绰号叫做"张小辫"的张伯苓。1894年秋，张伯苓以优异成绩完成课堂学业。

在北洋水师学堂的几年，是张伯苓人生重要的一个阶段。在这里，张伯苓最早受到了向西方学习的时代潮流的冲击，受到了比较正规的新式教育的熏陶，学到了比较系统的近代科学文化知识，新式教育和西方文化开始成为他的新思想营养。所有这些，与其后来的事业以及思想发展都有十分密切的关系。

这时，年近二十的张伯苓已经长得人高马大，身高超过一米九的魁梧身材让身边所有的人立刻变得矮小。后来有人这样形容他："单论他那身个儿，是曾令住在太平洋彼岸的白人吃惊过的。他们没想到像支那、日本这类黄色人种，居然还有这么一个雄伟健壮的模型，并不需要他们俯下头来，就能面对面谈话的人。这个巍然屹立的躯干，安置了那一个大而略扁的头颅，额是方的，被高耸的两颧相衬，显得狭了些地，额下颧上，镶着一双不十分

在北洋水师学堂时期的张伯苓。

大，却炯炯有神的眼睛。此外这个长方形的面上，还有一个表示保守坚毅的鼻子，和两片紧闭绝对自信的嘴唇。"[1]

谁能想到，日后启动北方一大城市新时代教育的崇高使命，竟落在这样一个曾经是北洋水师学堂学生的人肩上。

贤夫人助力教育

按照规定，驾驶班学生完成课堂学业后，还要派上船舰实习驾驶及枪炮鱼雷等。但是，正当学生们等待实习时，1894年7月，中日甲午战争爆发，北洋海军几乎全军覆没，甚至不留一舰供水师学堂的毕业生实习。不得已，张伯苓等人回家等候派遣。

张伯苓在家赋闲不久，由父母做主与津北宜兴埠安氏女结婚。不料，安氏素患痨疾，久病沉疴，结婚五天即不幸离世。18天后，即1895年2月15日，张伯苓又与天津王淑贞结婚。王家诗书门风，其父也是一位塾师，养育了四个子女。王淑贞长得俊秀端庄，一双小脚，中等身材，体态丰盈，虽识字不多，却深明礼义，侍奉父母，料理家务，都是一把好手。正如张伯苓回忆与王淑贞的夫妻生活所说：

在我十九岁的时候，我就结婚了。也就在那年冬天，我的第一个太太就死去了，从结婚到续弦，中间不过十八天的工夫。那十八天，就从糊里糊涂中过去。我常想假若我是一个女人，而又是在旧环境中，过了糊里糊涂的十八天，便

---

[1] 王石逸：《张伯苓先生》，《人间世》第21期，1935年2月5日。

张伯苓夫人王淑贞。

要一辈子糊里糊涂地守节守了下去，岂不是一件笑话。但我们可以想到这种笑话中的主人，是随时随地不难找到的。[1]

也正是张伯苓自己的这一亲身经历，使他对中国社会传统中的诸多陋习深为反感，也成为他后来大力提倡移风易俗的思想根源之一。

中国的婚姻传统，向来续弦，一般是丈夫年龄要比妻子大。但张伯苓却是个例外，王夫人反而长张伯苓三岁。

王夫人刚进张家门的时候，张伯苓的弟弟张彭春只有四岁，王夫人经常把他背在身上玩。之后，张伯苓夫妇的四个孩子锡禄（1901）、锡羊（1907）、锡祚（1908）、锡祜（1913）相继出生[2]，这么一大家子，仅靠张伯苓一个人的薪金收入，致使家里的用度时常处于艰窘之中，再加上张伯苓的母亲虽然心地善良，但心直口快，脾气有些急躁，王夫人作为张家的长媳，上有公婆，中有

---

[1]《本报顾问张伯苓先生及夫人举行结婚四十周年纪念》，1935年2月24日《益世报》。

[2]在长子锡禄之前，张伯苓夫妇还生有一子一女，夭折于1900年瘟疫流行，未留下姓名。

张伯苓一家。后排右一：张伯苓，左一：张彭春；中排右：张伯苓夫人王淑贞，
中：张伯苓母亲，左：张伯苓妹张祝春。

小姑、小叔，下有子女的情境，使她处在整个家庭经济生活的安排与感情上
和谐相处的核心与枢纽地位。张伯苓后来说：

那个环境，确实是不大容易对付。但是她向来没和我说过一句关于她的任
何困难。家里实在没钱用了，我的母亲有时就拿自己和她的东西去当。她知道家
里的贫乏和婆母的苦心，她为安慰老人，假作不知。她向来不看重物质，所以也
并不寻找，而母亲等到有钱的时候，便又悄悄地赎出来，给她放在原处。这种
事，她并不告诉我知道。到了后来家境稍为充裕了，她并不再感觉困难了，才渐
渐地当闲话，偶尔和我谈谈。我才知道过去母亲和她都曾经受过许多艰难。[1]

[1]《本报顾问张伯苓先生及夫人举行结婚四十周年纪念》，1935年2月24日《益世报》。

还有这样一件事：他们的三子锡祚，上中学时染上肺病，在当时的医疗条件下，这种病很难治疗。张伯苓遍访京津一带众多名医，都束手无策，认为其病已非药石之力可以治愈。然而王夫人却自信母爱一定可以使他起死回生，经过她的悉心照料，锡祚身体竟然日渐壮健起来，后来娶妻成家，并育有一子一女。

正是王夫人的明大义，识大体，以中国传统妇女贤淑的品德与坚忍、不放弃的韧性，侍奉公婆，教育子女，相助张伯苓全身心投入他的教育事业，才成就了张伯苓一生的追求。1961年王夫人去世后，南开校友、书法家吴玉如为张伯苓夫妇书撰墓志铭，说王夫人"相夫教子，勤俭持家，（伯苓）公生平志业，亦赖于内顾无忧也"，可谓盖棺之论。

执教严氏家馆 —— 南开学校的孕育

婚后不入，张伯苓接到通知，前往"通济"轮实习，操练枪炮、鱼雷及驾驶等。

1898年5月，张伯苓随"通济"轮送清政府官员去山东，会同英舰"水间花"号参与在刘公岛举行的英国从日本手中接管威海卫的升旗仪式。张伯苓在那里亲眼目睹两日之间三次"易帜"：取下太阳旗，挂起黄龙旗；第二天，取下黄龙旗，挂起米字旗。张伯苓心中有着说不出的悲愤，他得出结论：海军救不了中国，我国欲在现代世界求生存，全靠新式教育，创造一代新人。

1929年2月张伯苓在美国接受采访，当谈到早年办学经历时，他说："我曾经是一个年轻的海军军官。""不久，我发现一个国家的强盛要依靠其全体人民，而不能仅仅依靠几个斗士。于是就放弃了军旅生涯而献身于教育。

在北洋水师服役
时的张伯苓。

我相信教育可以改造人民,使其获得新生。所以我联合一位卓越的学者兼官员严修先生,在天津他的家里建立起一所现代教育机构。"[1]

这所现代教育机构系指严修家的私塾 —— 严氏家馆。1898年10月29日,张伯苓就任严氏家馆英文、数理教习,天津新式教育在严馆悄然起步。

严修不同于张伯苓。严家青箱传学,素有"贾而好儒,亦儒亦贾,商而兼士"的传家之风,严修亦是科考制度"学而优则仕"的典型,中进士,入翰林院,任贵州学政,被当地学子尊为"经师兼人师",在大江南北享有很高的声誉。

胡适在《教育家张伯苓》一文中说:

张伯苓同严修的结识合作,自从南开初创时期起,这是一件美满的事件。

[1] 弗兰克·B. 楞次:《张伯苓之人格魅力》,1929年2月。

严修是中国旧道德传统和学识渊博最可敬佩的代表人物。他是一位学者、藏书家、诗人、哲学家，最具公德心的爱国志士。他对教育的信念，对于新时代、新学识的虚心接受，和他在天津地方、直隶全省（即河北省）的道德名望，给年轻的张伯苓在创立远大的教育事业上有莫大的助力。[1]

张伯苓对严修无比敬仰，严修对新教育的见解，张伯苓奉为玉圭金臬。严修打破私塾教育的桎梏，在改造传统教育中，推进新学，张伯苓服膺赞赏，成为新式教育的崇信者和热爱者。后来张伯苓多次由衷地说："南开之有

20世纪30年代的威海卫公署，1898年国帜三易之地。张伯苓当年即在此地深受刺激，乃"决计献身于教育救国事业"。

[1] 胡适：《教育家张伯苓》，《南开校友》第2卷第2期，1948年10月。

严修（1860~1929），字范孙，号梦扶。1882年乡试中举，次年中进士。1894年授贵州学政，倡新学，曾奏请开经济特科。1897年任满归津，约张伯苓来教家塾，并于1904年、1919年、1923年、1928年与张伯苓共同创办南开中学、南开大学、南开女中、南开小学。

今日，严先生之力尤多"，"个人追随颇久，深受其人格之陶冶"。[1]

严馆成了张伯苓施展教育抱负的舞台。他没有一点冬烘先生的迂腐气息，朝气蓬勃，打破私塾教育的固有程式和教学方法，把塾馆的西学课程讲得有声有色。英语采用一种名为Scientific Readers（《科学读本》）的书做教本，另教英语文法；数学教几何、代数、三角，最后教立体几何；物理由力学、光学教到电磁学。在教学过程中，他为照顾学生的年龄和知识程度，尽量把深奥的理论讲得通俗易懂，并且自制教具辅助学生理解课堂知识。张伯苓把严馆作为"赋予教育一种人情味的尝试"，积极建立新的师生关系。他勇敢地打破传统观念的桎梏，用幽默的讲解，或者课堂讨论，建立一种和谐的课堂氛围。放学以后，他并不急于回家，甚至就住在严馆教室后面的房子里，利用课外时间和学生相处，一起下围棋，教学生练习海军的旗语，玩惠斯特牌

---

[1] 喻传鉴：《七十年来之校长张伯苓先生》（1944年），梁吉生撰著：《张伯苓年谱长编》（下卷），人民教育出版社2009年版。

戏（Whist，今日桥牌的前身），教学生照相。张伯苓用当时人们绝少使用的照相机为学生照相。他还把近代体育引进塾馆，不但把操身（体育）列为课程，还以课外活动的方式开展新式体育锻炼，同学生们一起踢足球，带学生到城外骑自行车，让学生轮流练习哑铃、棍棒、角力、跳高等。那时社会上体育器械还不多见，他便仿照水师学堂的体操器具，绘制哑铃和棍棒图纸，请人制作。他教学生跳高时，没有跳高架，就用木椅架一把鸡毛掸子代替，竿子升高时，就在椅子上垫书本；没有木马，就让学生屈身，两手撑膝，排成一列，然后鱼贯腾越，代为木马练习。当时天津风气未开，这些体育活动给那些脑后拖着辫子的塾馆学生带来了喜悦和生气。

　　张伯苓在严馆教学中所实践的，正是他仿学西方新式教育的滥觞。新的教法，新的教学内容，学生们欢迎，严修高兴，也引得社会上很多人羡慕。张伯苓初试啼声，应声四起。严馆奠基了他生命的阶梯。

张伯苓与严王两馆学生。

不与"洋毛子"为伍

1900年，八国联军在天津建立殖民统治政权——天津督统衙门后，让张伯苓充任翻译，张伯苓凛然不就。天津教育家林墨青在致友人信中称："张君伯苓，颇有热肠，能持正气，家本素寒，此刻宁甘食苦，不就督统衙门，盖贫而能守者也。"

八国联军在新世纪的一天早晨，用洋枪洋炮将天津人从义和团刀枪不入的迷梦中唤醒，让天津人着实领教了这些高鼻梁、蓝眼睛的西方人的残忍。

张锡祚在《张伯苓先生传略》中写道："八国联军于庚子年阴历六月十八日，攻破天津县城，侵略军兽性发作，肆行烧杀抢掠，城门内外，死人遍地。先生奉侍着年迈的父母，率领着幼弱的弟妹，王夫人怀抱着一子一女，全家徒步逃往严宅避难。由于先生能通晓外语，遂留在严宅，支应寇兵的骚扰。直到北京议和，天津出榜安民，秩序才逐渐恢复起来。城陷时期，因死人太多，掩埋不及，曝尸日久，引起疠疫流行。先生全家，先后均染上了瘟疫。疠疫流行时，还能请到医生，买得到药。到仲述叔染病时，就只能煎服久庵公的剩余药渣，幸尚痊愈。王夫人所生之一子一女才四五岁，后来也传染上了瘟疫，卒以无医无药，均不幸先后死去。"

1901年春，严修与林墨青率严氏家馆学生严智怡、严智崇、严智惺、王宝璐、韩振华（诵裳）、林静、严智庸、林涵、陶履恭（孟和）、严智钟、张彭春等11人誓于严宅北书房。严修作誓词云："尔十一人者，或为累世之交，或为婚姻之谊，辈行不必齐，而年龄则相若。尔父若兄，道义相劘，肝胆相许，志同道合而患难相扶持，尔诸生所亲见也。尔十一人者，自今日始，相待如一家，

张伯苓（右二）与母亲（中）、妻子王淑贞（左二）、妹妹张祝春（左一）、弟弟张彭春（右一）及孩子们。

善相劝，过相规，毋相谴，毋诉争，毋相訾笑，毋背毁，毋面谩，同心一力，从事于学问。以绳检相勖，远非僻之友，警浮伪之行。毋做无益害有益，毋偷惰，毋轻躁。兄弟婚姻，互为师友，敦品修业，以储大用，是余等所厚望焉。陶履恭，孤儿也，当厚自策励，而去其童心。尔十人之待履恭也，悯之，爱之，砥砺之，使无坠其家学，是则今日此举为不虚矣。"[1]

同年春，天津商业"八大家"之一的王奎章聘请张伯苓兼理塾馆，以英文数理教授其子侄及戚友子弟共六人，自此，张伯苓每日上午至严馆，下午至王馆，两处授课。随着张伯苓声名鹊起，欲投其名下学习的人日增，建立真正的"洋学堂"成为张伯苓和严、王两家共同思考的问题。

---

[1] 严修：《蟫香馆别记》。

两渡扶桑取经

20世纪初的张伯苓，从服饰到发型，都体现出向日本学习的倾向。

从1868年起，日本明治维新开始，学习西方，改革旧制，建立了近代教育体系，很快成为东方强国。在此情况下，日本也成为19世纪末20世纪初渴望富国强兵的中国人首选的参照目标。

要建新式学堂，张伯苓首先想到的也是日本。1903年夏，张伯苓借参观大阪博览会之机，去日本考察教育，眼界大开，并且体会到要救中国，就要像日本那样发展教育。这年的下半年，张伯苓将很多精力用于新知识在天津的社会普及，分别在普通学社、师范补习所、教员研究所宣讲算学、几何、代数、物理、热学、制造与化学等，以提高天津小学教师的教学水平和文化素质。

1904年严修就任直隶省学校司督办。4月，严修偕张伯苓再赴日本，欲全面考察日本的教育制度。在随后的两个多月时间里，张伯苓、严修参观日本的学校设施，观摩课堂教学，出席教育家讲演会，与学校人员座谈，口问手写，从日本文部省的建制，到一所学校自修室、寄宿舍、盥洗室、食堂，都逐一深入了解。在此期间，严、张二人仅对小学教育的考察活动就不下二十次，另有十次专门听取文部省参事松本介绍日本教育的建设和管理。首先，他们细致全面地了解了有关小学教育的方针、原则，小学的学制、教学科目、授课时间、教科书的编写，以及小学师资的培养等问题，并多次到课堂旁听日本教员讲课，重点考察了国语、算学、作文、理科、习字、游戏等课程的教法。其次，考察教材，多次请教棚桥源太郎、佐佐木等有关教科书的编纂方法，回国时还特地带回历史（支那通史）、博物、法制、经济等课本，以资参考。

1904年8月3日，严修、张伯苓等人乘船离开日本回国。在船上，严、张二人初步商定创办一所新式中学。张伯苓对此充满信心。对于严修"吾安得于吾津试办民立中学一处，以作中学之模范"之问，张伯苓回答说："是不难，所虑者无地与钱耳。苟有此二者，吾极愿效绵薄。"[1]年轻的张伯苓对新教育的勇往直前，显示了他特有的道德蕴涵与心理动力，洋溢着青年教育家的开拓精神。

创办现代中学堂

其实，严氏家馆还不能算作真正意义上的现代教育机构，因为它的课程新学只占半天，如同一个新瓶子，还有半截装的是旧酒。当然，不能因此否定它革故鼎新的意义，严、张毕竟表现出前人所没有的勇气，由他们推开了私塾教育颓朽的窗户，让阳光照进了带有霉味的沉闷课堂，那些只顾摇头晃脑背诵的呆头孩子们第一次品尝到新鲜知识的美味。严氏家馆成为后来真正意义上的新式学堂的必要准备。

1904年严修、张伯苓在严馆和王馆基础上创办的中学堂，才是真正意义上的现代教育机构。它首开民主学校依法创办的先例，从校名、课程设置、教

---

[1] 魏云庄：《本校历史存草》，《南开星期报》第24期，1914年11月16日。

员任用等均依官方《奏定中学堂章程》，特别是在课程设置上反映了近代科学文化的主体诉求；而在办学体制上，也已经有了校长（最初称监督）负责制的雏形。张伯苓与严修已不再是在严馆时的伙计与东家的关系，而今张伯苓是创办学校的直接策划者之一，在教育教学上的设计者身份更是无人取代。从1904年9月3日张伯苓致严修的信中可以看出，严修在保定履行官职，张伯苓在天津操办建校的具体事宜。该中学堂的创办，在张伯苓一生的教育历程中，是一个重要契机。

学堂成立伊始，定名为天津民立中学堂。经协商，校舍设在严宅的小偏院，学堂用具由严家捐助，各种教学仪器由王家捐助，严、王两家各承担常年经费每月银百两，学生每月学费三元。就这样，筹备工作很快有了眉目，随即出榜招生，第一次考试录取梅贻琦、张彭春、金邦正、喻传鉴等73名学生，开学后分作甲、乙、丙三班，并附设师范班，师范生计有陶孟和、韩诵裳、严智惺、周旭、孟琴襄、武问泉、邓召棠、韩荫朴、时子周、林次和。

清光绪三十年九月初八日（1904年10月16日）学堂正式开学。张伯苓任监督（即校长），负责学校全面工作，魏云庄负责文案，华午晴总理庶务，并与王

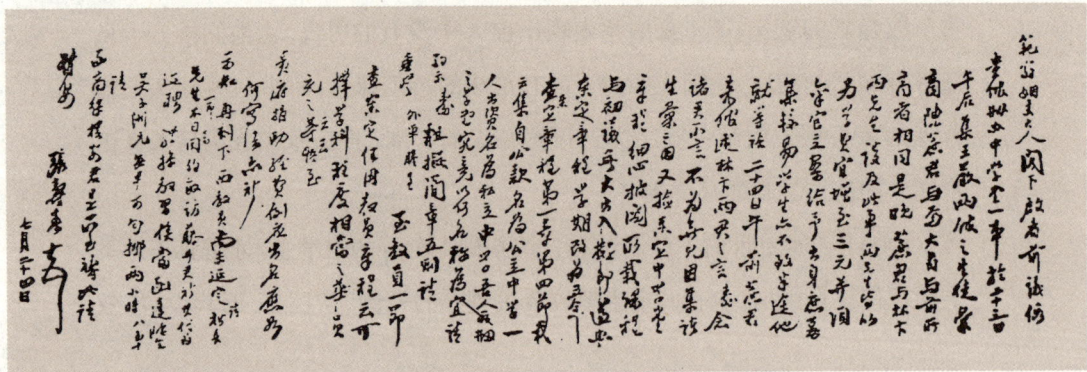

1904年9月3日，张伯苓致严修函墨迹。

严宅住院，南开中学最初的校舍。

私立敬业中学堂校牌。

锡瑜襄理会计。在教员方面，聘吴芷洲为英文、数学教员，俞挹辰为汉文教员兼监学，日本人佐野及松长二人为体操、图画教员，基督教青年会干事、美国人格林的夫人教唱歌。为了弥补学堂初创时师资的不足，由原来严、王两馆升入现在中学堂师范班就读、年龄较大的学生，如陶孟和、韩诵裳、严智惺、孟琴襄、武问泉、林次和等被聘为副教员，一面上课，一面义务帮学校办一些杂事。人手不够，张伯苓随后又请来天津基督教青年会干事饶伯森、格林、霍克等美国人任科学及英文教员。王益孙之弟王春江帮办校务。学校除监督、教员领薪外，其余均为义务。一学期过后，各项工作渐入正轨。

　　1905年2月，根据严修的意见，学校更名为私立敬业中学堂。当时的天津共有39所学校，敬业中学堂是唯一的私立学校，开设的课程非常齐全，既包括国文、儒家经典、道德修养、中国历史和中国地理，也有西洋历史、西洋地理、算学、自然科学、物理、体育和英语。[1]清朝学部来校调查的

[1] 1905年2月10日天津《大公报》。

1904年12月，张伯苓与敬业中学堂师范班学生和美国教员魏尔特在一起。

官员都对学堂的印象很好，说该校学生成绩颇佳，英文程度尤优，监督、教员均极热心，日求进步，用费也很节省。直隶总督袁世凯听说后也来校视察，予以嘉奖。

1905年4月，清朝将军长庚与铁良来天津，在直隶总督署观看天津各学堂学生演练体操，总督袁世凯认为各学堂名称字样过多，恐日后无奇不有，不如按数字排列。因此，本年年底，私立敬业中学堂又改名为天津私立第一中学堂。

立业"南开洼"

1. 迁址南开

学校经过一年多的苦心经营，显露出强劲发展的势头，张伯苓等开始对学校的未来进行谋划。1906年春商定了建筑新校舍的方案，8月下旬开工建设教学楼、围墙及平房。建筑费由王益孙、严修、徐世昌、卢木斋及严子均等捐助，共计2.6万两银。新校址由郑菊如捐助土地十余亩，后调换为位于天津城西南天津电车公司附近一块俗称"南开洼"的地方。1907年10月28日，天津私立第一中学堂举行新校址落成会。1908年2月2日（农历正月初一）学校从严宅迁到新校址。1911年3月，直隶提学使傅增湘将天津客籍学堂和长芦中学堂划归该校，并将客籍学堂经费每年2800余元和长芦学堂经费每年8000两白银一并划归该校使用。此时，在学堂运行经费中，一些私人捐助款项先后停止或减少，而公款比例大大增加，因此校名便由私立第一中学堂改称公立南开中学堂，但学堂性质仍属私立。1912年，中华民国成立，历法由农历改用公历，学堂改称学校，监督改称校长，学校于当年4月开学后，正式定名为后世瞩目的"南开学校"。立业"南开洼"，让学校弥漫着一种人文草根气息和一种沁人心脾的泥土风味，为近代天津树立起一座人杰地灵的永恒地标。

私立第一中学堂门额。

此时的张伯苓正当而立之年，具备了一种特殊的感召力和领导力。在建新校和迁校过程中，更显示出淡泊名利之外的牺牲奋斗精神。当时的《天津青年》（Tientsin Young Men）称赞张伯苓为迁建新校而作出的贡献时说："这所好校园将会成为私立中学堂校长张伯苓先生之热情和精力的纪念碑。"[1]

早期的南开中学校徽。

---

[1] 梁吉生撰著：《张伯苓年谱长编》（上卷），人民教育出版社2009年版，第56页。

南开学校正面全景。

南开中学堂最初的教室及办公室,现已成为天津历史文物建筑。

南开中学堂开启了南开教育的一个新阶段,学校建设日趋规范。所开设的课程,修身、读经、国文、历史、地理、博物、物理、生理用中文书籍教授;英文读本及文法、外国历史、外国地理、数学、代数、几何、化学用英文书籍教授。学校的教学水平有了进一步提高。

1908年7月10日,南开中学堂第一届学生毕业,计有梅贻琦、张彭春、喻传鉴等33名毕业生。毕业仪式在南开中学堂礼堂举行,直隶提学使卢木斋为毕业生颁发文凭。严修在《毕业训词》中殷切希望诸生:"勿志为达官贵人,而志为爱国志士。鄙人所期望诸生者在此,本堂设立之宗旨亦不外此矣。"[1]

[1]陈宝泉:《退思斋文诗存》,台湾文海出版社1982年版。

　　学校迁入新址及中华民国成立，为南开迎来了新的发展机遇。从1912年至1919年，南开的学生入学人数平均每年增长26%，生源除西藏、新疆外，来自全国各个省市，连美国、南洋的华侨子弟也慕名负笈而来。南开在社会上赢得了很高的声誉，当时曾有"南有扬州中学，北有南开中学"之说。梁启

1908年底，南开中学堂学生满200人合影。

1918年南开学校学生满千人合影。

在南开学校就读的华侨学生。

超、蔡元培、李大钊、陈独秀、胡适、陶行知等人都曾来南开参观。梁启超在南开演说时说："使全国学校悉如南开之负盛名，则诚中国之大幸。"[1]清华学堂一位美国女教员也曾"正颜厉色"地对学生们说："你们将来都得学南开学校的张伯苓，假使中国多有几个张伯苓，中国一定会强的。"[2]

2. 组建高水平的教师团队

1922年，胡适与黄炎培有一段关于中学教育的对话，很发人深省。黄炎培说："我们信仰一个学校的表示是要看我们肯把自己的子弟送进去。"胡适答道：老实说，我自己的子弟"都叫他们上南开去了"。不光是胡适，像黎元洪、段祺瑞、梁启超、熊希龄、冯玉祥、沈钧儒、叶圣陶、陶行知、邹韬奋、张学良、翁文灏、朱家骅、冰心等，都先后把自己的子弟送到南开读书。是什么原因让五湖四海的学子远道负笈而来？因为南开是好学校！好学校的标准之

[1] 周恩来笔录：《梁任公先生的演说词》，《校风》第56期、第57期合刊，1917年2月28日。
[2] 罗隆基：《我对南开的印象——纪念南开三十周年》，《南大半月刊》，1934年10月17日。

一就是老师好、水平高。张伯苓出身于三尺讲台,知道什么样的教师是好老师,会受到学生的欢迎。他也有过这方面的教训:中学堂初建时,有新知识的教师凤毛麟角,他用过日本速成师范的学生,上课完全没有教书的感觉,结果被学生笑为"吃饭生"。所以,南开中学初创时期,他格外注意物色教师,像罗常培、老舍、范文澜等都曾是南开中学的教师。张伯苓认为,物色好教师是当然的,但全国好教师很有限,不可能都是现成的,只要是好苗子,让他们在教学过程中锻炼,也会逐步成熟起来。后来,张伯苓对于南开大学的教师队伍也是重视"聘得年轻学者,予以教研环境,使其继续成长,卒有大成"。台湾"中央研究院"前院长吴大猷对他老师张伯苓的这种做法就很赞赏,认为这很"难能可贵"。[1]

1916年南开学校国文教师张皞如与部分国文优秀学生合影(后排左二为周恩来)。

[1] 1983年4月6日台湾"《中央日报》"。

　　为了建设一支高水平的教师队伍,南开坚持从全国择优选聘教师。张伯苓每年根据新一年学校的教学需要,有选择地向有关高等学校的校长或系主任发去恳请推荐的函件,在收到对方的推荐函后,便派人前去面谈。

　　新教师一到校,张伯苓总是立即接见,教务员立即把教学用书送到教师手中,教务主任马上来谈教学任务。随后,庶务课职员立即把新教师安顿到事先准备好的宿舍。南开学校对每位教师都无一例外地安排宿舍,即使家住本市的教师也都为其提供一间单身宿舍,室内的生活、工作用具简单而齐备。张中行在其《流年碎影》的"天津一年"中,就写到了他去南开中学任国文教师办手续、领薪金的情景。南开教师来自五湖四海,一入学校就有一个完全属于自己的书斋,有一个恬静的备课环境,这就避免了家事和社会诸多琐事的干扰,使其可以全身心投入到工作中。

　　学校对教师要求严格,有完善的教学管理和教学考察制度,教务主任会

1923年张伯苓与南开大学教师合影。

南开学校的教师宿舍全景。

口试教英文的先生，调阅国文老师批改的作业本子，调阅数学老师的各项作业习题，看物理、化学、生物的实验课。在严格考察的基础上，实行奖优汰劣，不能胜任者，或者辞聘，或者改任。

学校对优秀的教师，采取多种措施尽量保持其稳定。

首先，对业务好的教师给予较高待遇，每两年加薪一次，逢年过节额外补助30元或50元，续聘五年之后就成为固定的教师队伍中的一员了。与此同时，从教师的内在需求出发，努力营造家的氛围，为其提供舒适的办公和育人环境，精心设计校园的每一个场景。

其次，发挥教师之所长。南开是私立学校，校长从不把教师视为雇员，而是把他们看做休戚与共的伙伴。张伯苓做过多年的教师，有着丰富的教学实践经验，又深谙教学理论与教学方法。他深知教师的甘苦，了解每个教师的才学，善于发挥各人之所长，尽可能为每位教师安排能够施展其才华的工作岗位。在南开学校工作了二十多年的章辑五，1911年毕业于直隶高等工业学堂机械科，1915年受张伯苓之聘，来南开学校担任物理、英文

章辑五、文进之等体育教师与南开学校越野赛跑队。

教员，同时兼任课外体育活动指导员。自1918年起，专任南开学校体育主任，主掌南开体育二十年。章氏晚年定居美国，曾撰文回忆张伯苓，说张校长"能知人、能用人、体贴人、宽容人"。[1]古人说，君子尊贤而容众，嘉善而矜不能。知人，是有识才的眼光；用人，是有用才的胆略；体贴人，是有爱才的品质；宽容人，是有待人的气度。这种对人才的人文精神的深层次关照，一般的校长很难做到像张伯苓这样。教以才兴，国以才治，有了好的教师队伍，学校的兴旺就有了基础。

_____

[1] 章辑五：《怀念南开与伯苓先生》，台湾南开校友会编：《张伯苓先生百年诞辰纪念册》，1975年，第95页。

第三，博采众长，尊重教师意见。张伯苓与教师友好相处，不掠人美，不扬己功。早年曾在南开任教的李清濂回忆说："先生常举行校务会议，请教师出席参加，讨论校务之进行。教师之意见可行之，即书于记录簿上，以便按照施行。其暂时不易施行者，亦婉告俟将来有机会再行办理。会场气氛异常融睦，实有教育家君子之风。"[1]

总之，张伯苓的教师观是很有见地的，也令人敬服。1987年3月24日台湾《民众日报》的一篇社论，还特地谈到张伯苓办学的四大目标之一，就是"选聘最好的教师"，社论还讲述了张伯苓对名教师"亲身前往邀聘"，给予优厚待遇的故事。于此可见张伯苓的教师观影响之深远。

3. 忠心尽职、精干高效的学校管理团队

俗话说，一个好汉三个帮。张伯苓在学校管理上的成就，在很大程度上得益于一批训练有素、热心教育、肯负责任、尽忠职守的管理人员。

在张伯苓周围很早就形成了一个以喻传鉴[2]、伉乃如[3]、华午晴[4]、

---

[1] 李清濂：《伯苓先生之教育哲学及施教方针》，台湾南开校友会编：《张伯苓先生百年诞辰纪念册》，1975年，第37页。

[2] 喻传鉴（1888~1966），南开中学首届毕业生，升入保定直隶高等学校，后任南开英文教员，1916年考入北京大学经济系，1919年毕业后复回南开任教。南开大学、女中、小学成立后，兼任大学副教授、女中教学主任、小学事务委员会委员。1935年奉张伯苓之命，赴渝筹办重庆南开中学，先后任校务主任、副校长。张伯苓常以其勇于任事为榜样鼓励同人："喻先生抢做我做之事，诸位即应抢做喻先生所做之事。"

[3] 伉乃如（1891~1947），1911年毕业于直隶高等工业学堂，任化学教员。1920年兼任校长秘书，后又兼大、中、女中三部注册课主任，小学部事务委员会委员。抗战胜利后，协助张伯苓主持学校复员工作。

[4] 华午晴（1879~1939），早年受教于张伯苓主持的王馆，1908年南开中学毕业后，受聘为南开学校会计，后任南开大、中、女中三部会计课、建筑课主任，小学部事务委员会委员。抗战前，南开学校四部的校舍，都由他经手建设，充分体现了张伯苓南开盖房一实用、二好看、三结实、四省钱的思想。逝世后，张伯苓特将重庆南开中学礼堂命名为"午晴堂"以示纪念。

20世纪早期的张伯苓校长。

孟琴襄[1]——人称南开"四大金刚"为代表的学校管理团队。他们各领一部人马，兢兢业业、孜孜不倦地为南开终其一生。张伯苓把喻、伉、华、孟等人称为他"强健的臂膀"。他说：我只有一个头脑，没有强健的臂膀，那么空有头脑又能有什么作为？波兰籍的华露存女士在她写的《华人自办事业的成绩如何》一文中说自己特别钦佩张先生这句话。她说："做头脑的把他的功劳归于臂膀，做臂膀的把他的功劳归于头脑，下面各级主管、主办人员也是这样。"这就是张伯苓与他的工作班子的关系，因为这样，才有了南开的成绩。

学校的管理机构，犹如一部自动运转的机器，南开"因系私立，经费竭蹶，用费务求其省，效率务求其高，故组织方面，分部甚简"。南开中学早期，行政管理部门主要有教务课、斋务课、庶务课。1904年全校职员6人，直至1913年也没超过10人。1919年中学部学生发展到1200人，行政管理人员也仅24人。南开大学建立初期也只有教务、庶务、会计、训育、建筑等课，管理人员很少，且多为中学、大学两部兼职。至1923年南开女中、1928年南开小学成立后，南开四部的学生数量迅速增加，而南开职员数仍保持精干。据1930年《南开同

[1] 孟琴襄（1884~1969），1906年南开师范班毕业，1921年任南开学校庶务课主任，主管全校总务工作，秉公持家，一清二楚，积铢累寸，将校园、校舍管理得整洁优美、井然有序。

学录》统计，南开大、中、女中、小学四部从校长至事务员等各类管理性职员只有71人[1]，而当时南开四部的学生总计已达2579人。[2]除张伯苓身兼四部校长，喻、伉、华、孟身兼四部职事外，如体育主任章辑五、中学部主任张彭春、训练课主任雷法章等也都在大学、女中、小学部兼职。这种一身兼数职的管理模式，不仅使南开学校节省了大量的行政管理开支，也使南开学校四部能够在建设上统筹兼顾，协调发展。

张伯苓在总结学校发展原因时指出："我南开同人，皆工作重，职务忙，待遇低薄，生活清苦，但念青年为民族之生命，教育为立国之大计，率能热心负责，通力合作。因此，学校人事之更动少，计划之推行易，青年学生日处于此安定秩序、优美环境中，自必潜心默修，敦品励学，养成一种笃实好学之良好校风，因以增高学校教育之效果。此同人之负责合作，实有助于南开之发展者。"[3]

张伯苓之所以能有一批管理骨干，并长期保持稳定，与他的用人之道有直接的关系。

第一，知人善任，人适其位，位得其人。他常说："每个人都有他的长处，也都有短处，世间没有十全十美的人，我们使用人才，要尽量使其发挥所长，避其所短，在他长处得到发挥时，短处就会退缩不显了。如果我们处处吹毛求疵，世间将无可用之人了。"曾任南开学校训练课主任的雷法章认为，张伯苓用人不疑，"他能在工作中赋予他的僚属们以充分的权责，他知道怎样去鼓励他们努力工作，并给以明确而扼要的指示。同时，他也常常愿意从旁协助僚属们，去完成他们的任务，但是他却从不直接干预他们的工作，或是希望把决策和执行的大权揽于一身……他愿意尊重每个人的自尊心，而尽量让他

---

[1] 这里所说的71人，与《同学录》中所列职员数有异，因《同学录》把图书馆工作人员、体育课教员、校医及经济委员会研究人员均列为职员范畴。本文所列数目为具有管理职能的职员。

[2] 根据1930年《南开同学录》统计，计大学部401人，中学部1752人，女中部294人，小学部132人。

[3] 张伯苓：《四十年南开学校之回顾》，《南开四十周年纪念校庆特刊》，1944年10月。

们发挥其个人的才能"。因此在工作的推进上,"能充分获得同事们合作无间的效果"。[1]

第二,大胆重用年轻人。张伯苓用人不论资排辈,大胆重用年轻人,如张彭春,24岁任南开中学专门部主任,25岁代理校长;喻传鉴、伉乃如等都是刚过而立之年即担任一管理部门负责人,独当一面;章辑五担任体育主任、雷法章担任训育课主任时,也尚不足30岁。

第三,关心和培养骨干。张伯苓对管理人员不仅大胆使用,而且注意培养提高。喻传鉴曾被南开派送美国哥伦比亚大学师范学院研究中等教育,获教育硕士学位。孟琴襄被派赴英美用近一年的时间参观各学校的后勤管理。1922~1923年派体育主任章辑五赴南京东南大学,随美国体育学家麦克乐学习一年,后又于1933~1935年间派其遍游欧美二十国,考察各国的体育教育。伉乃如、时子周等人也都曾到日本考察。对一般管理人员,则派其参观本市学校,或到河北省各府中学考察。

4. 树立崭新校风,塑造学生的行为与人格

南开以培养人才享誉社会。的确,有不少学生很快在社会上崭露头角,成名成家。但是,南开不是造星工厂,而是踏踏实实培养人的温床。张伯苓强调"教育为改造个人之工具",他首先把规范学生在校行为举止作为教育学生做人的切入点,使礼仪要求内化为学生的个人修养和行为习惯。

首先,在学校迁址南开洼之初,张伯苓即与校董严修订定了南开学校的四十字"容止格言",要求学生:"面必净、发必理、衣必整、纽必结;头容正、肩容平、胸容宽、背容直。气象:勿傲、勿暴、勿怠;颜色:宜和、宜静、宜

---

[1]雷法章:《伟大的教育家张伯苓先生》,郭荣生、张源编:《张伯苓先生纪念集》,台湾文海出版社1975年版。

庄。""容止格言"吸收了清代《弟子规》的内容。《弟子规》是圣人对学生的训示，其中有："冠必正，纽必结。袜与履，俱紧切。""衣贵洁，不贵华。步从容，立端正。""勿自暴，勿自弃。"南开教育学生依然谨遵古训，但在新的时代，它所焕发的则是新教育的新气息。"容止格言"由严修亲自书写，挂在学校东楼走廊进门处，下立穿衣镜，供学生进出整理衣冠，端正形象。学校将其列为"新生入学须知"注意事项的第一条，张伯苓也经常引导学生默诵，并逐句详加解释。他说，前四句既是对学生外表的要求，也是体格卫生的需要。其次是"气象"，再次是"颜色"。他认为学生能长期遵行，将来可以代表"吾校学生之气质"。[1]这种设立大镜使学生经常自我对照检点的办法，培养了南开学生的良好习惯，再加上规律的体育锻炼，形成了南开学校学生的独特气质。

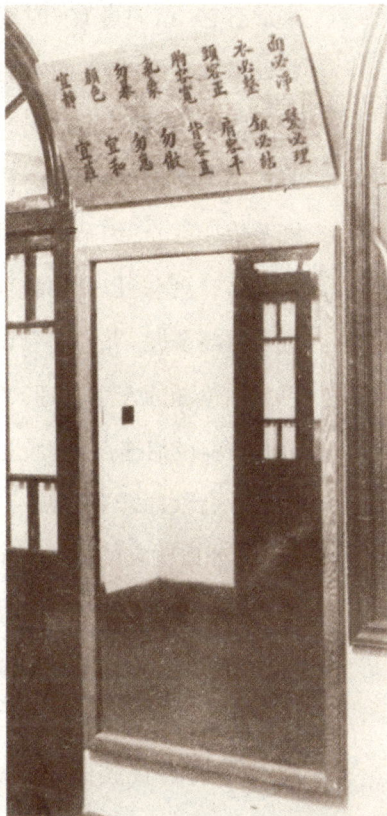

严修手书"容止格言"及穿衣镜。

"那时南开学生很讲姿态、仪容与神气，甚至于说话，都有一套南开的'口语'，在任何场合中，总如鹤立鸡群，让人一看就觉得气宇非凡，知道那是'南开的'。"[2]曾在

---

[1]《南开校风》，第101期，1918年10月。

[2]公函嬚：《南开琐忆》，台湾南开校友会编：《张伯苓先生百年诞辰纪念册》，1975年，第11页。

南开学校肄业的著名美籍历史学家何炳棣后来用一个法文字"chic"（歧克）来形容它。该词具有"时髦、漂亮、潇洒、高雅等意义，南中学生的'歧克'是长期耳濡目染、自然而然消化吸收的结果"。[1]

后来，这种"容止格言"的穿衣镜竖立在了南开的各个学校。实践证明，张伯苓等人是有远见的。礼仪、礼节、礼貌的"三礼"必须从小处、细节抓起，细节传递教养，细节体现品质。

第二，坚持以公德教育学生，让学生对社会普遍认可的道德价值进行系统学习与掌握。张伯苓常随身带着三本书，其中一本是《论语》，他认为孔子思想中蕴涵的人生哲理，对于人的自身修养、道德品质、思想情操和行为规范是有益的启迪，但传统道德的指向是个人的道德修养，而忽视个体发展需要与社会秩序需要的统一。因此，张伯苓的道德教育并不完全囿于孔子的言论。比如以儒家的道德核心"孝"为题，张伯苓则认为："孝为人之本，失其孝则道衰矣。然细推之，往往失于偏重家庭之观念，少世界之眼光。"他要教育学生从小我、从家庭中跳出来，建立人与人之间互相信任的关系，成为具有世界眼光的人才。因此，张伯苓把西方平等、民主、自由、人格独立的道德观，与中华民族传统道德有机结合起来，提出："若不骂人、不偷、不怒、不谎、不得罪于人等事，先时多谓此为道德很高，然而此为消极的，于今不能谓此为道德。盖彼者不过无疵而已，于社会虽有若无。今因于社会进步上着想，吾等当另定道德标准，谓凡人能于社会公共事业尽力愈大者，其道德愈高。否则，无道德可言。易言之，即凡于社会上有效劳之能力者——Social efficiency，则有道德，否则，无道德。"[2]张伯苓的道德理念，给传承了两千多年的价值观注入了新的内涵。

---

[1] 何炳棣：《读史阅世六十年》，广西师范大学出版社2005年版，第47~48页。
[2] 王文俊、梁吉生等编：《张伯苓教育言论选集》，南开大学出版社1984年版，第64页。

张伯苓检阅
全校受训学生。

　　第三，建立严格的规章制度，明确奖惩，强力约束学生的不良行为，促进学生身心健康发展。对于青春期的青年学生，只靠生动的宣讲与劝导，是不能完全达到学校教育目标的。张伯苓认为："中学最为难办。盖小学时代，正天真烂漫之时，脑筋清白，无一毫人欲。而大学时代，则又已经成年，知识道德均已发达完全，有判别是非之力，故此二期其施教也易。唯中学时期，正当此人欲发达时代，学科以外，乃有此恶魔大劫，长与此清白之心为敌为难。故其设教不在徒授以课程，尤要在杜其贪欲之心，以纳于正规，斯其困难之所以倍也。诸生而无上进之心则已，苟欲上进，则于此等恶魔之引诱，当力为戒除之。其法有二：曰积极，曰消极。"[1]积极的办法即为引导学生身正行端，树立高远的志向，不为物欲所诱，不为社会丑恶现象所染；消极的办法即为严格学校管理制度，作为约束学生不良行为的保障。

　　南开学校初成立时，学生犯有过错，即予悬牌记过。后来又改为记过者

────────────────

[1] 王文俊、梁吉生等编：《张伯苓教育言论选集》，南开大学出版社1984年版，第43～44页。

不再悬牌，而宣布其姓名于预备室，并设立"立志改过签"，凡遇学生犯过，先由管理员招来谈话，如能认识错误，立志悔改，给一竹签，以资警励，等学生改正过错后，将竹签收回，记过取消，目的在于调动学生改正过错的主动性。张伯苓向学生提出了四种改正过错的方法，即：（1）勤辟新路，多做与过错相反的好事；（2）当众宣言，誓行悔改；（3）过须痛改，不可稍自容让；（4）改过须自第一机会始。

张伯苓认为："凡无害之事，则放心使之自由发达：而于坏习惯则丝毫不容，如烟酒、嫖赌等事，犯者绝不宽假。"[1]

把传统美德教育与日常行为规范教育结合起来，倡导文明行为，强化青少年学生的社会公德意识，这是张伯苓树立崭新南开校风的一个创造。南开，成为近代天津城市文明的向导。

5. 诚信为万事之根本

1932年，在南开中学服务了八年的雷法章准备去青岛市就任教育局局长，他在南开举办的欢送会上深挚地表示：个人来南开后，人生观几乎全部改造；我在南开八年，我所认识的南开精神是不偏、不假、不私，是干与顶。雷法章的话是由衷之言。"三不"贯穿南开教育，"三不"的核心是办教育要诚信为本。

南开学校的精神发育史，就是张伯苓一生的诚信教育史。

张伯苓在办学实践中，把诚信作为培养南开学生品格之根本。1916年1月19日，张伯苓在南开学校修身班演讲，总结南开学校的精神"在'诚'字、'真'字、'信'字，本校至今办理小有效果者，恃有此耳"。[2]1916年5月10

---

[1]王文俊、梁吉生等编：《张伯苓教育言论选集》，南开大学出版社1984年版，第70页。

[2]王文俊、梁吉生等编：《张伯苓教育言论选集》，南开大学出版社1984年版，第3页。

日，在南开学校修身班的演说中，张伯苓又特别强调了欺人的害处："凡欺人者，即幸能欺其所欺之人，亦必失信于其旁观者，自损名誉，难逃人眼。若二人合谋欺一人者，其后必自相争，虽一时巧弄谲诈，使人莫我知，终亦未有不声闻于外者。"[1]他还引用美国总统林肯的话"虚诈可欺少数人而不能欺全世界；可欺人于一时，而不能欺人于永久"，用来说明欺人的危害与下场。

1916年6月28日，在南开中学第八次毕业式上，张伯苓又谆谆告诫毕业诸生："我所望于诸君牢记而守之终身焉者无他，'诚'之一字而已。"并以袁世凯复辟失败为例，说明对人不诚，耍弄权术之害："袁前总统办事富于魄力，因应机警，即外人亦啧啧称道，然而一败涂地。其终也，纵极相亲相善之僚友亦皆不能相信，不诚焉耳。以袁一世之雄，不诚且不能善其后，况不如袁者。此吾少年最宜猛省者也。"最后，他特别强调说，"是故诚之一字，为一切道德事业之本源，吾人前途进取应一以是为标准。"[2]1935年9月，张伯苓在南开大学开学典礼上发表《南开的目的与南开的精神》的讲话，更明确提出，南开精神就是"公与诚"，就是脚踏实地的精神。

所谓诚者，即不欺诈，不作伪，一是一，二是二；所谓信者，则是一诺千金，践守诺言，不为利诱，不畏权逼，不惧势压。张伯苓坚持以诚信精神教诲学生，他把传统的道德基因和严正的社会规则注入学校文化，培育学生的公民意识，打造社会秩序的终极依托，可谓用心良苦。

张伯苓是这么说的，也是这么做的。

首先，是对社会守信。张伯苓在一生办理教育的过程中，为学生就业推荐工作成为其中一项重要内容。为一个学生的工作，甚至可以三番五次地向多方去函，而且在其推荐函中不乏赞美之词。但其中有两种情况，张伯苓是决不肯

---

[1] 王文俊、梁吉生等编：《张伯苓教育言论选集》，南开大学出版社1984年版，第12页。
[2] 王文俊、梁吉生等编：《张伯苓教育言论选集》，南开大学出版社1984年版，第14页。

张伯苓与部分南开毕业生。

做的。一是不虚誉。1931年2月，有前南开某生从日本东京致函张伯苓，请张伯苓为其举荐职位，张伯苓在复函中谓："仆生平最重信实，对于吾弟造诣情形如何，目前非所得知。往日已成过去，虚言之既非所愿，实言之亦于弟无补，最好请吾弟别觅相当介绍，或不致误。"[1]二是不做假。有曾在南开学校就读的某生，未曾毕业即离校，1931年因工作需要，致函张伯苓，请求补发毕业证书，张伯苓在复函中谓："此事如在可能范围以内，自应照办。所惜查诸以前，既无成例可援，而教育部对学生毕业证书又极非常重视，其必不能稍予通融可知。即令具呈说明事实，亦恐无效。所有不克如命之处，委实有所碍难。"[2]而一名已在太湖流域水利委员会工作的南开中学学生，也曾致函

[1]梁吉生、张兰普主编：《张伯苓私档全宗》（中卷），中国档案出版社2009年版，第485页。

[2]梁吉生、张兰普主编：《张伯苓私档全宗》（中卷），中国档案出版社2009年版，第495页。

张伯苓, 请为其出具大学毕业证明, 张伯苓在复函中亦予婉拒, 谓: "吾弟本系中学毕业生, 今竟托为大学毕业, 殊属非是。委代发证明文件一节, 事之本无, 委实不知从何证记。我校对人向不取乎虚假, 为吾弟所深知。兹之未能如命, 想必蒙鉴谅于格外也。"[1]

正是张伯苓这种对社会守信的人格魅力, 使其向当时的政界人物如孔祥熙、宋子文、马鸿逵, 军界人物如张学良、傅作义、沈鸿烈, 财界人物如周作民、谈丹崖, 实业界人物如范旭东、袁述之、李祖绅等推荐的南开学生及教职员, 大都被录用, 并很快得到重用和提升; 而南开学生在社会上各行业取得的突出成绩, 又为南开学校赢得了很好的声誉, 一些政界要员、社会名流纷纷把子侄送到南开来读书, 有的还父子相承, 兄弟相继, 一家多人就读于南开。

其次, 是对学生守信。张伯苓一贯强调身教重于言教, 凡是要求学生做到的, 自己首先做到。张伯苓戒烟的故事在南开园中可说是尽人皆知。据王翁如《津门史缀》记载, 有一次, 张伯苓在操场的角落里看见有个叫刘文伯的学生在抽烟, 便马上将他带到校长室训斥: 南开学校是不允许学生抽烟的; 抽烟是恶习, 沾染上就除不掉了; 学生正在读书的时候, 抽烟浪费钱, 荒废学业, 损害身体。刘文伯站在那里, 一转眼看到校长的办公桌上, 摆着的烟碟里放着半截雪茄, 还有个玳瑁烟嘴, 便说: "校长的话很对, 谢谢校长的教育, 我一定改, 从此不抽烟了! 学生来学校, 不只学教师的学问, 也学教师的行动和其他一切! 我本来不会抽烟, 到这里看到有的教师抽, 我……" 张伯苓恍然大悟, 于是站起身, 说了一声: "好!" 便把烟碟中的雪茄和烟嘴扔进痰盂里。从此, 张伯苓终其一生不再抽烟。

在当今社会, 由于法律的制裁, 对社会守信, 人们遵循和认可的多; 而对于晚辈, 在既不涉及道义、又不触犯法律的情形下, 只为当时的一句允诺, 就

[1]梁吉生、张兰普主编:《张伯苓私档全宗》(中卷), 中国档案出版社2009年版, 第553页。

更改自己多年的生活习惯，并且终其余生不违背，在古往今来的社会中，其有几人欤!

中国的道德说教中，最缺的就是"从我做起"。

6. 放手让学生办刊物

1908年8月至12月间，张伯苓借参加美国第四届渔业博览会之机，了解了欧美各国在国民教育、道德教育、慈善事业和体育健身方面的情况，回国后即采用多种方式，训练南开学生。其中之一是在校内组织师生编办报刊。他认为，中国当时的巨患不在有形之物质问题，而在无形之精神问题。中国人心颓靡已久，甚至麻木不仁，毫无生气。欲图转机，必须从根本上着想，以振已死之人心。振人心之利器有二：曰演说，曰报纸。

1909年3月，南开学校第一份刊物《自治励学报》诞生，该报由南开自治励学会主办，主持者为马千里，参与者还有张信天、姜更生等人。该报为油印，每月一期，每期十数页，出至第四期，因经费不继，遂停刊。"内容大都于讨论学习之外，稍涉政治。"[1]

民国建立，南开学校各种学生团体纷纷出现，计有演说、演剧、音乐、唱歌、照相、柔术等二十多个学生组织，以敬业乐群会、自治励学会与青年会为骨干。南开学生秉承张伯苓报刊为"振人心之利器"的理念，又于1914年5月创办《南开星期报》，作为"校中传播文明，交换知识之利器"。此刊于1915年6月停刊，共出50期。

之后，南开学校报刊如雨后春笋般不断涌现。在1915年到1919年间，由杂说社主办的《杂说报》、由英文学会主办的英文报 *The Nankai Quarterly*

---

[1] 周恩来：《本社之责任观》，《校风》第64期。《自治励学报》现未发现，其简略情况记载于《本社之责任观》一文中。

敬业乐群会成员（左一为周恩来）。

（《南开季报》）、由南开学校专门部与中学学生合办的 *The Nankaian*（《南开人》）、由南开学校基督教青年会主办的《青年》、由南开报社主办的《南开思潮》、由敬业乐群会主办的《敬业学报》、由自治励学会主办的《励学》、由南开日刊社主办的《南开日刊》等相继出版。尤其是《校风》（后改为《南开校风》）报，从1915年8月出版，至1920年10月停刊，共出140余期，成为"全校言论、思想和行事的代表"。[1]陈钢、周恩来都是该报的骨干，周恩来曾经担任纪事部主任、总经理，撰写了大量新闻报道。《南开日刊》是从校园走向社会的过渡性刊物，在五四运动时期实际起着天津学生爱国运动喉舌的作用。而五四运动期间天津学生联合会出版的《天津学生联合会报》，其主要负责人正是已入南开大学的周恩来。

---

[1] 刘炽晶：《九年来之南开出版物》，《南开周刊》南开学校十八周年纪念号，1922年10月17日。

张伯苓对南开学校的出版活动给予了高度评价。他认为，学校除书籍、讲室、斋舍、食堂、厕所、球场等有形之物外，"尚有无形者，为团体精神与全校名誉。本校出版之诸种报纸、杂志，如《校风》、《敬业》、《英文季报》及未出版之《励学》等，皆团体精神也，较物资百倍可贵"。[1]

由于张伯苓的积极倡导、推进和组织，南开学校大、中、女中、小学四部都出版有各自独具特色的出版物，既有师生联合创办的，也有各部联合创办的；有全校性的，也有年级和班级的；有学术性的，也有文艺性的，还有以校闻和时评为主的。每逢校庆，还出版"专号"。南开大学外文系师生还曾与社会上的报刊合编文学性专版，刊载师生的文艺作品。

学生办刊物，不仅锻炼了学生的写作能力、办事能力，而且使学生受到了言论自由、出版自由的民主精神的陶冶，对于促进个体社会化起到了积极的作用。

南开学校早期出版的部分刊物。

7. 特色鲜明的南开教育教学

张伯苓的"教育救国"理想和"德智体并进"的教育思想在南开教育中具有强烈的价值指导作用和导向意义。他自办学之初就明确提出："教育一事非独使学生读书、习字而已，尤其要在造成完全人格，三育并进而不偏废。"在具体指导教育教学活动中，

[1] 王文俊、梁吉生等编：《张伯苓教育言论选集》，南开大学出版社1984年版，第39页。

他坚持从中国国情出发，既吸取中国传统教育的长处，又着重借鉴西方教育的先进性，形成了南开教育教学上的鲜明特色。主要是：

第一，强调和重视科学教育。重视科学知识，崇尚实业，尊重人格和个人发展的权利，是西方教育的深厚传统。中国长期的封建教育则不重视对自然的研究和自然科学知识的传授。中国的传统教育以科举为指向，畸形地强调教育的政治功能，而自然科学从未成为学校教育的主要内容。张伯苓早年曾较为系统地接受过近代科学知识和技术的训练，比较早地对科学教育有了一定的了解。因此，他从改造国民素质的抱负出发，形成了一种强烈的教育追求，正如他后来所说："苓当办学之初，即竭力提倡科学，其目的在于开通民智，破除迷信，藉以引起国人对于科学研究之兴趣，促进物质文明之发达。"[1] 南开中学的理化仪器，能够保证每个上课的学生人手一架，亲自动手做实验，是当时全国中学中配备较为齐全而又先进的学校。民国初年，美

南开中学学生在实验室做实验。　　南开中学的木工室。

[1] 王文俊、梁吉生等编：《张伯苓教育言论选集》，南开大学出版社1984年版，第224页。

1916年南开中学
学生在上课（前排左
一为周恩来）。

国哈佛大学校长伊利奥（Charles William Eliot）到南开参观，见中学有如此设施，不禁赞叹说：即使在美国的中学，能有像南开这样的实验仪器者，也并不多见。

张伯苓认为，科学教育不仅要使学生具有科学知识，更重要的是要培养学生的科学精神、科学思想和科研能力。他指出："科学精神，不重玄想而重视观察，不重讲解而重实验"，强调"须从个别训练入手"，"尤其亲身到过，亲眼看过，亲手做过"，"其目的在充实个人之基本能力，启发创新思想，发展其生产技能"。[1] 所以，南开的实验教学一直占有突出地位，学校明确规定实验要占课程授课时间的50%。除了在实验室，学生还有野外远足、采制标本、社会调查等实践活动。

第二，重视质量。这表现在招生、学习和考试诸方面。总之，学生要进南开只有一个字："难！"学校单独招生，择优录取，招收全国各地品学兼优的学生，为培养优秀人才提供生源保证。在招考新生的同时，还在天津、北京、

[1]《天津南开学校中学部一览》，天成印字馆1929年版。

上海等地的一些著名中学实行入学免试保送制度。新生入学后，由教授亲自谈话，了解学生的学习志趣，指导学生选定主系及有关课程。

　　要把教学的最优化转化为学生学习效果的最优化，就要使学生具有优良的学习品质、坚韧的学习自信心和持久的学习耐力。南开学校在教学上首先注重的，就是要求学生打下宽厚扎实的基础。张伯苓说："中学课程为普通学科，人生不可少之知识，退而处世应用，进而求学专门，非有中学之普通学科基础，断无成效可言，故学生之对于各科有求全之必要。"[1] 南开对于主科和辅课都进行了精细的设计和规划，从教学大纲、教学内容及教科书的选定到课外活动的组织，从课堂教学到课外练习，都有一整套组织安排。在教材上，不少课程选用外国的原文教本，比如自高中一年级起，除国文及本国

政治班学生作议员开会的练习。

[1] 常策欧笔录：《修身班校长讲演录》，《南开校风》1916年第36期、第37期。

史地以外，其余数学、化学、物理等科均用英文原版课本。英语课开始学英文语法，高中二年级则读莎士比亚作品，目的是提高学生的英语阅读能力。自高二即分文、理二组，理组数学加课读大代数、解析几何，文组英文加读文选一本名*New China*。高三英语读修辞学。

南开又以要求严著称。表现在教学活动上，主要是考试严格，实行淘汰制。考试时绝对不许交头接耳，不许偷看书籍，更不许枪替。一经发现考试违纪，轻者记过，扣除期末总平均分数；重者当场抓卷，勒令退学。南开的这些规定，无论何人一视同仁，而且年复一年形成严格制度，成为学校提高教育教学质量，维护社会信誉的重要措施。

第三，反对读死书，主张生动活泼地学习。让学生读书是学校的本分，南开是个读书的好地方，校长、老师创造了让学生静下心来读书的学风。盈满书香的南开园，是学生们心中一道亮丽的风景线。但是，张伯苓反对戕害青少年身心健康的读死书的教育，反对强制灌输式的教学方式。他十分赞赏欧美教育发扬理性精神，发达学生自创心的主张。他说："只知道压迫着学生读死

南开童子军的野营活动。

书的学校，结果不过是造出一群'病鬼'来，一点用处也没有。"[1]主张"念书要念活的，不要念死书"。[2]张伯苓努力在学校情境中寓教于"无形"，为学生营造充满情趣的教育环境，使他们生动活泼地学习。为此，南开鼓励学生把课堂教学与校园文化结合起来，引导学生妥善安排业余时间，组织学科性课外研究会，开展社会化课外教育，组织各种社团，提倡各种课外活动，如演讲、出版刊物、编演新剧（话剧）、组织乐队、开展社会实践调查和体育活动等。张伯苓说："远方学生不惮跋涉，来此求学，非专为师长良好，设备较优，实以南开的教育宗旨在使学生'自动'、'自觉'，自负责任以求上进。"[3]

历史证明，南开的教育是成功的，具有鲜明特色的教育教学为人才培养疏浚了通道，促进了人才成长。

8. 普及学校体育

20世纪20年代，有人在《教育杂志》上发表文章说："我们要在国内普通学校里找一个注重体育的校长，很不容易，看来看去，还要算天津南开学校了。"[4]南开成立40周年的时候，张伯苓曾满怀深情地回顾并总结了南开学校体育教学的经验。他说："南开学校自成立以来，即以重视体育为国人倡，以期个个学生有坚强之体魄，及健全之精神。故对于体育设备，运动场地，力求完善；体育组织，运动比赛，力求普遍。学生先后参加华北、全国及远东运动会者，均有良好之成绩表现。但苓提倡运动目的，不仅在学校而在社会，不仅在少数选手而在全体学生。学生在校，固应有良好运动习惯；学生出校，亦应能促进社会运动风气。少数学生之运动技术，固应提高；全体学生之身体

[1]王文俊、梁吉生等编：《张伯苓教育言论选集》，南开大学出版社1984年版，第197页。
[2]王文俊、梁吉生等编：《张伯苓教育言论选集》，南开大学出版社1984年版，第238页。
[3]王文俊、梁吉生等编：《张伯苓教育言论选集》，南开大学出版社1984年版，第180页。
[4]何仲英：《天津南开学校的体育》，《教育杂志》第13卷第4号。

南开童子军演练战地救助。

锻炼，尤应注意。最要者，学校体育不仅在技术之专长，尤重在体德之兼进，体与育并重，庶不致发生流弊。故体育道德及运动精神，尤三致意焉。"[1]

张伯苓早在执教严、王两馆的时候，就把近代体育带到了塾馆中。那时的社会风气还被封建的传统时尚所笼罩，士大夫阶层、读书人时兴的还是宽袍博带，端着长指甲、迈着方步的一派斯文。张伯苓敢冒天下之大不韪，打破承袭了太多封建传统的教育积弊，倡导新体育，亲自教学生体操，还与学生一起踢球、跑步，甚至把天津基督教青年会的外国人请来指导体育活动。中国科学院原副院长、著名社会学家陶孟和曾经向胡适说过他在严馆当学生时张伯苓教他们体育的情景。他说，张伯苓将自己在水师学堂时做体操使用的哑铃和操棒画出图样，让工匠做出来给学生们使用。1934年南开成立40周年时，另一位严馆的老学生严智怡特地将36年前张伯苓教他们练习的这种操棒作为礼物带到校庆纪念大会来。

---

[1] 王文俊、梁吉生等编：《张伯苓教育言论选集》，南开大学出版社1984年版，第244页。

学校每年都给学生做体检。

男女学生课外一起打排球。

　　1907年，南开学校搬到天津西南角的"南开洼"，最初的体育课程内容主要是兵式体操，由专任体操教师训练。1915年学校成立了体育会，组织学生进行体育锻炼。1916年学校体育由单轨制发展为双轨制，体操与运动并行，实行"强迫"运动。学校成立了专门管理体育教学与体育运动的行政机构——体育课，先以孟琴襄为主任，不久由章辑五专任体育主任。至此，南开的普及性体育活动蓬勃开展起来。

　　张伯苓把体育看做教育的一个重要方面，他说："德智体三育中我中国人所最缺者为体育。""教育里没有了体育，教育就不完全。"他希望以体育增强国民的体格，并以体育精神和方法来组织国民、团结国民，使散漫变为组织团结，使自私变为合作互助，养成健全人格。他始终把体育置于与智育、德育同等重要的地位，强调"体育无论在学校与社会，必须德、智、体、群四育并重，不可偏于求知的智育"[1]，要"造成德育、智育、体育完全发达"的人才。

---

[1] 周立中：《张伯苓先生事迹》，郭荣生、张源编：《张伯苓先生纪念集》，台湾文海出版社1975年版。

在南开，学校规定体育为学生必修课程，学生体育成绩必须达到一定
的标准。每年寒假过后开学时，学校逐项考试，考试不及格则要通知家
长，考试及格者还要选择一定项目，每日定时练习。学校为了保证每个学生
每天都能有一定时间的体育活动，规定每天下午3点半后实行"空校"，即
学生必须走出教室，去参加体育锻炼或其他社团活动。在南开，体育成为
校园文化的重要组成部分。人人参加体育锻炼，看似平常，但意义深远，对
于塑造学生健康体魄和完整人格，培养终身体育意识，都是十分必要的。
许多南开校友到了老年，每当回忆起母校体育给予他们一生的影响时，都
称赞张伯苓的体育之举。张伯苓本人也是体育场上的积极分子，每当南开
与兄弟学校比赛，往往他都是场外站脚助威的一员，有时他也与教师一起
进行体育活动。

南开是私立学校，办学经费紧张，但张伯苓在体育设施上舍得花钱。到
20世纪20年代中期，大学和中学共设篮球场15个，足球场5个，排球场6个，网
球场17个，器械场3处，400米跑道大运动场2处。单杠、双杠、木马、吊环、平
梯、吊绳、吊杆、跳箱等轻重器械齐全，就连新式米突制握力器、全套试腿力
与背力器、马表式手枪、手球、护膝等都从美国购来。南开是当时国内体育设
施、设备最完备、最先进的学校之一。

为了鼓励学生参加体育锻炼，学校每年按期举行各种运动比赛，并设有
团体及个人奖项。比赛项目及举行时间一般是：

篮球比赛	3月中旬举行
春季运动大会	4月下旬举行
排球比赛	5月中旬举行
垒球比赛	6月上旬举行
网球比赛	9月举行
10项运动表演	学校纪念日举行

| 足球比赛 | 11月底举行 |
| 越野赛跑 | 12月底举行 |

体育比赛是学生的一项光彩、体面的生活内容。运动员在运动场上进行肢体语言的对话,这里有力与美的展示,更有精神和意志的陶铸,这是团结、合作、民主、竞争的训练。张伯苓曾说:"体验过体育中的竞争、团结、合作以后,推行民主政治要有力很多。"[1]

南开的体育比赛,有与清华等外校的,更多的则是校内比赛,班、年级、社团都有。校级比赛多是大中学各部一起举行,规模大,参加人数多。从以上赛程来看,除寒、暑假外,月月都有全校性的大型比赛活动。加上班级、年

屡获殊荣的南开篮球队。

---

[1]王文俊、梁吉生等编:《张伯苓教育言论选集》,南开大学出版社1984年版,第258页。

级和团体的各种比赛活动,使全校的体育活动形成了经常化、多样化、普及化的格局。春秋两季的全校运动会,是南开的盛大节日,不仅全校师生与会,而且吸引了各界人士、天津市民都来参观。每到运动会之日,学校就在南开操场搭起参观棚,发售客饭券,设立招待员。教职员均参加比赛服务活动。为了体现重在参与的体育精神,学校改革运动会计分办法,使各班级学生参赛人数与该班团体总分直接联系起来,鼓励和吸引尽量多的同学踊跃报名参赛。由于"限格极低,得分复易,以故各班报名者甚众,虽素不运动之人,亦茬场与赛"。由此可见,南开把体育比赛演化成了一种合作,一种愉悦人心的"参与"。这是南开的高尚之点、高明之处。

南开的对外体育比赛,组建有专门的代表队。如"南开五虎"篮球队、南敏排球队及棒球队等,都是华北、全国乃至远东运动会上大显风光的球队;田径方面也有为数不少的优秀运动员,在全国运动会上夺锦标,代表中国参加远东运动会。

南开向有彰显运动精神的传统。学生能够参加校运动代表队是一件光荣的事情,但优秀选手必须是体育技术与体育道德双佳的,即有一种"运动仁侠精神"(Sportsmanship)。南开对"仁侠"运动员的资格有具体的标准,对运动队和裁判员也都有明确的纪律规定,对作为普通观众的南开师生同样也有高尚的体育风气要求。南开从不搞运动员的特殊化,有名的运动员功课不及格,或者违反校规照样要受处分。

张伯苓最反对体育比赛的"锦标主义"。民国初期,社会上体育风气不好,各地区代表队在全国运动会上争名逐利,什么下流手段都敢施展。社会上竞技体育的不良风气也污染了学校体育,"选手体育"盛行,一些学校不择手段将小有名气的运动员拉进学校,重奖他们在赛场上夺锦标,拿金牌,为学校"争光"。失去道德支持的体育是畸形体育,金牌作祟的比赛必然走向歧途。张伯苓是社会体育的清道夫和体育道德的净化器。作为全国运动会的裁判长,张伯苓为倡导和培育良好体育精神、体育意识、体育风气而竭尽全力。他告诫运动员："比赛应以道德为根本"，"运动员的品格，较比运动的胜利更为紧要；正当的失败比不正当的胜利更有价值"。[1] 为了抑制"选手体育"的歪风，张伯苓带头将南开的代表队制取消，改由学生自由组合体育团体，遴选体育运动的参赛选手。

9. 强国必强种，倡导社会体育

张伯苓是国内体育团体的热心支持者，并积极推进全国及地区性体育比赛的开展。民国期间一共举办了七次全国运动会，都是由他担任大会裁判长。张伯苓倡导社会体育，这是基于"教育救国"思想的体育理念，是从民族体格现实出发实行的体育主张。清朝末期，强国强种成为社会共识，他亲眼目睹过耸膊成山、望秋先零的清海军士兵和芸芸国人。他深知，强盛国家，必须首先强健国人体魄，而体育是最好的办法。

担任远东体育协会副会长时的张伯苓。

张伯苓的全民体育思想是逐步形成的。清末以来，他带领学生参加了天津基督教青年会举办的运动会，也参加过在南京举行的江南第一次联合运动会。辛亥革命前的几年间，他以南开为主力，联合少数天津学堂开过几次规模不大的校际运动会，产生

---

[1]《天津南开学校中学部一览》，天成印字馆1929年版，第200页。

了一定影响。

民国成立以后，张伯苓联络天津热心体育的人士，举办天津各学校联合运动会、天津联合运动会、直隶第一区运动会等，从筹办、组织到提供比赛场地，都由他出面落实。民国初期，北方体育的最大赛事当属华北运动会。华北运动会于1912年由北京基督教青年会、清华体育部主任舒美科博士及张伯苓等教育界热心体育者开始筹办，翌年在北京天坛举行了第一届运动会，以后华北各省轮流举行。创办初期，办理该会者，多为青年会及西人，国人除少数热心者外，教育当局既不关注及此，而一般社会大众尤为漠视。张伯苓等人克服种种阻力和困难，协同倡导，到20世纪30年代，参加华北运动会的范围，由学校扩及社会，包括了察哈尔、青岛、北京、陕西、山西、辽宁、吉林、黑龙江、热河、绥远、河南、河北等省区，名为华北运动会，实则是华北、西北、东北均参加的"三北"运动会，促进了这些地区早期体育运动的发展。张伯苓一直是华北体育联合会的负责人之一，1916年任该会会长。从1913年至1925年共计举办了12次华北运动会，他以南开为基地在天津主办了3次，每次他都亲自担任运动会会长和总裁判，每次都在南开学校的大操场上举行，并以本校体育事务所为运动会办事机构，来自各省的运动员均在南开食宿，分别由各该省南开同学负责运动员的后勤事务。每次运动会开得都很成功。张伯苓组织大型体育比赛的能力，受到体育界赞赏。在12次华北运动会比赛中，南开取得4次团体总分第一名，1次第二名，2次第三名，并有郭毓彬、逯明等3人次获个人总分第一名。南开的体育水平和比赛成绩，同样受到体育界赞赏。

张伯苓对华北体育界里程碑式的贡献，是打破外国人的垄断，首开中国人自办运动会的先河。中国近代早期体育运动，一直受着教会学校和基督教青年会的控制，不仅由他们把持体育团体的领导职务，而且运动会的主要裁判也由外国人担任，赛场上的体育术语则使用英语。华北运动会也是如此，

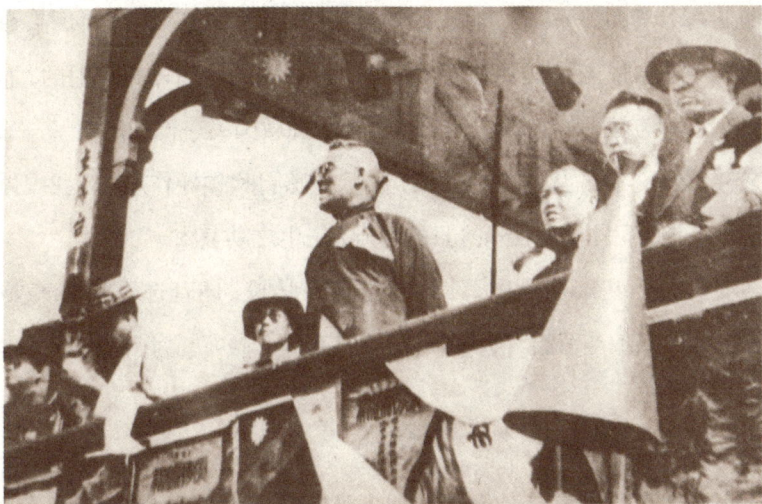

担任华北运动会总裁判长的张伯苓。

第十届以前都是受北京基督教青年会中的美国人控制。张伯苓和广大运动员早不满意这一状况。随着全国体育界反对外国利用特权操纵中国体育的斗争热潮不断高涨,在张伯苓负责筹办第十届华北运动会时,他毅然决定,从筹备到运动会举行,不再听凭外国人的颐指气使,从裁判到一般人员,均由中国人承担,比赛用语不准说"洋话"。张伯苓的决定,使体育工作者和运动员扬眉吐气。第十届华北运动会真正开成了中国人的运动会。张伯苓不畏洋人的凛然正气,维护了国家体育的尊严,并在体育界产生了积极影响。从此,外国人操纵中国体育运动的状况发生了明显变化。天津《大公报》就此写道:"自是而后,华北体育界乃大放曙光,纯为独立国家之体育机关矣。各国对我之批评,亦因是而渐佳,中国之体育人才,亦因是而渐众。"[1]同是民国时期著名体育家的郝更生更是认为:"中国近五十年来的体育史,和张先生

[1] 1934年10月10日《大公报》。

有不可分离的关系。他主张以体育的精神，使散漫变为组织团结，使自私变为合作互助。张先生提倡体育，不但抱着增强国民的体格的目的，而且想以体育精神和方法，来组织国民，团结国民，挽救国民道德的沦亡。""数十年来，先生提倡体育的热忱始终不懈，其精神感召和领导作用，对我国体育不可磨灭的影响，我国体育能有今日的基础，先生之功甚大。"[1]

体育的基础在全民，体育的重点在学校，体育选手的培养要从小学抓起。这是张伯苓留给今天中国体育的启示。

10. "中国要参加奥运会"

现代奥林匹克运动会是展现人类体魄与精神的大舞台，是跨越民族、宗教、社会制度的全球文化现象。1896年在雅典举办了第一届现代奥运会，十年后，奥运会引起了一位中国青年教育家的关注，这个人就是张伯苓。1907年10月24日，张伯苓在天津基督教青年会礼堂举行的第五届联合运动会颁奖仪式上发表演说。在演说中，他从天津青少年学生的这次体育比赛活动，想到了中国将来体育运动的发展，最早表达了中国参加国际奥林匹克运动会的愿望。他说："此次运动会的成功，使我对我国选手在不久的将来参加奥运会充满了希望，因为，虽然许多欧洲国家奥运选手获奖希望渺茫，但他们仍然派出选手参加奥运会。"[2]张伯苓建议中国加紧准备，筹建奥运会代表队，在不久的将来也出现在奥运赛场上。

1908年，在英国伦敦举行了第四届奥林匹克运动会，正在欧洲考察教育的张伯苓亲身感受到了英国人的奥运热情，感慨颇深。次年1月回国后，张伯苓便在学校向学生介绍伦敦奥运会。1909年10月9日至13日，南开中学与天津

---

[1] 郝更生：《敬悼张伯苓先生》，《张伯苓先生逝世纪念专辑》，1951年。
[2] 天津基督教青年会志学会社编：《星期报》，1908年5月16日。

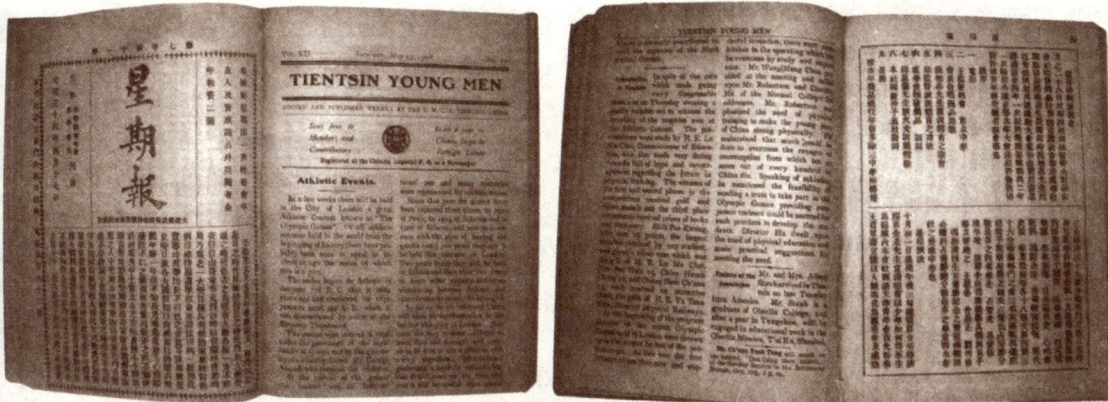

1908年英文版*Tiantsin Young Men*以《竞技体育》为题刊发的文章，记载了张伯苓在第五届联合运动会颁奖仪式上的演说的主要内容。

　　基督教青年会联合举办年度运动会，张伯苓在颁奖大会上又介绍了伦敦奥运会的盛况，激发了青年学生投身体育锻炼的热情，开拓了国人近代体育的国际视野。

　　为了传播奥运精神，张伯苓积极参与推进亚洲国家的体育交流，他与天津基督教青年会体育干事葛瑞（Gray），当时的美国殖民地菲律宾的体育协会主席布朗（E. S. Brown）及日本基督教青年会美籍干事克朗（F. K. Crone）发起组织了远东业余运动协会和远东运动会。远东运动会在组织上，模仿的正是奥林匹克运动会的体制。发起远东运动会的宗旨是："激发各地之体育精神，发达个人与社会之体育，改良本范围内之运动实业。""其根本目的，为协助增进各种竞技运动之事业，发展各种竞技运动之组织，并增进运动之兴趣，发扬高尚之精神。"远东运动会原名"远东奥林匹克运动会"，每两年举行一次，举行地点经议决由三国大城市轮流承办。1913年2月在菲律宾马尼拉举行了第一届远东运动会。1920年远东业余运动协会得到国际奥委会承认，成为世界上第一个与国际奥委会发生关系的区域性国际体育组织。张

第九届远东运动会中国代表队全体人员。

伯苓是远东业余运动协会的成员之一，参加过第二、第三、第五、第八、第九届远东运动会，并数次担任中国队领队（第二、第三、第九届）和大会总裁判（第三届、第五届）。南开几乎每届都有代表中国参赛的运动员。第一届时，南开有1名运动员；第二届时，南开有7名运动员，其中郭毓彬独得1英里和半英里跑两项冠军；第三届时，南开除5名田径运动员外，另有2名球类运动员参加。1917年，第三届远东运动会在日本东京举行。东道主日本为取得这次运动会的胜利，很早就开始准备，其著名田径运动员泽田毅然放弃他的强项8英里跑，专攻1英里和半英里跑，以对付郭毓彬。结果田径赛中国仅取得两项第一。运动会期间，张伯苓对日本体育进行了考察，深切感受到日本对体育的普遍重视。

第四届远东运动会举行前，北京、奉天（沈阳）、保定等地的运动员集中

张伯苓与全国体育协进会董事（左起：褚民谊、周家祺、王正廷、吴蕴瑞、王世杰、马约翰、汪精卫、郝更生、张伯苓、袁敦礼、高梓、沈嗣良）。

在南开训练，这次运动会南开仍有5名运动员代表中国参赛，但整体成绩已与日、菲运动员有了较大差距。以后几届南开仍有运动员入选中国代表队，但人数明显减少，成绩也不理想。

1930年5月，在日本举行的第九届远东运动会使张伯苓对中国体育有了更加清醒的认识。5月15日，张伯苓作为中华全国体育协进会会长、中华队总代表率中国远东运动会代表团一行136人搭乘"大洋丸"赴日。到达东京

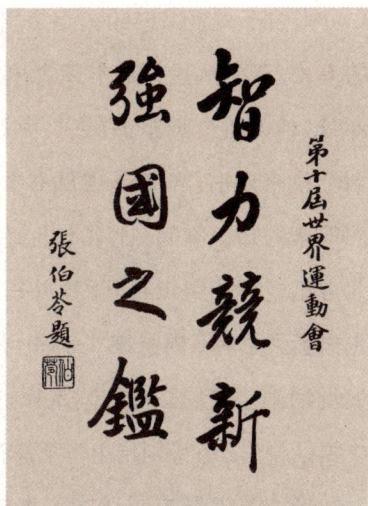

张伯苓为第十届世界运动会题词。

后，男女运动员分别下榻日本基督教青年会馆和骏河台之基督教女青年会馆。每日伙食，由当地华人饭店晚翠轩备送上海及广东菜。24日，运动大会开幕，张伯苓代表中国讲话，各界华侨踊跃到场助兴。然而，在整个运动会期间，中国124名运动员在场上与日本、印度、菲律宾选手竞技比赛，难获胜绩，结果大败而归。这是张伯苓从事社会体育二十多年间失败最惨痛的一次。还在东京时，张伯苓就发表了被随团记者邹韬奋称为"张伯苓氏之沉痛演说"的讲话。张伯苓将中国的体育现状与日本比较，痛切地感到中国体育缺乏像日本那样从小抓起的全民体育体制，同时中国也缺乏"体教结合"，以教育系统为主体，从小学、中学到大学的"一条龙"的体育人才培养体系，而体育比赛又多是封闭运转，较少竞技体育的国际特征。邹韬奋认为，张伯苓对中国体育的沉痛反思，发人深省，他甚至呼吁张伯苓的讲话"值得全国人人读一百遍"。

11. 一校之长演话剧

张伯苓教育思想的核心是培养学生成为爱国为公、服务社会、全面发展的人才。正是从这一基本理念出发，他把校园话剧看做人才培养的重要组成部分。他曾在《演剧与作人》一文中指出：这种学校话剧组织我很赞成，因为到学校来念书，不单是要从书本上得到学问，并且还要有课外活动，从这里面得来的知识学问，比书本上好得多。20世纪的前二三十年，南开学校成为北方正规学校组织新剧团，并长期坚持编剧和演出的拓荒者。从南开舞台上走出了张彭春、周恩来、金焰、张平群、曹禺、黄宗江、鹿笃桐、严仁颖等一大批话剧艺术爱好者和艺术家。周恩来担任国务院总理时，与有关人员谈起中国话剧史，还特别指出不要忘记南开的话剧。

张伯苓倡导校园话剧的直接动因，是早年受到西方现代话剧的影响。1908年张伯苓去美国出席渔业博览会，顺便考察美国、欧洲一些国家的教

南开学校早期话剧
《新村正》剧照。

南开学校早期话剧
《仇大娘》剧照（周恩
来饰范蕙娘，右三）。

育。他每到一所学校都看到校园文化景象万千和学生愉快的社团生活：唱歌
的、演剧的、参加体育比赛的，他们各展才华，各施抱负，蔚然成风。这给了
张伯苓很大的启迪，也正与他德智体美全面发展的教育主张相契合。回国后，
恰值南开建校五周年（1909年），于是他就着手编写剧本，这个剧本名叫《用
非所学》。当时还没有"话剧"一说，就相对"旧剧"而将其称为"新剧"。张伯

苓不仅编剧而且导演，还粉墨登场在剧中饰演主角。事隔35年之后，他还清楚记得自己当演员的经历。1944年，中国艺术剧社导演沈剡受邀来南开指导排练老舍编写的话剧《桃李春风》，张伯苓对沈剡说："当年，清朝皇帝还统治着我们，我赴欧美考察，接触到西方话剧艺术，我动心了，觉得这是一种'创办教育，造就新人才'的好武器。回国后，我自编、自导、自演了一个新剧——《用非所学》。"喻传鉴插话介绍了《用非所学》的剧情，张伯苓补充说："它挞伐了封建制度，也警示一些读书人休要与那个社会同流合污。"[1]

校长、学生同台演戏，这在清朝末年，简直就是天大的新闻，弄得天津城沸沸扬扬。守旧的学究人物纷纷出来指责张伯苓有失体统，有悖"师道尊严"。面对飞短流长，张伯苓一笑置之。他以为，话剧是改良社会的利器，是学生练习演讲的工具，是学校文化的舞台。张伯苓倡导学校编演新剧，师生同台表演，开风气之先。后来南开大学学生还对《用非所学》发表评论："三十年前，有此佳作，实属空前。而全剧寓意，至今价值仍不稍减，校长诚可谓我国话剧第一人。"[2]

1914年，张伯苓组织师生中的新剧爱好者正式成立了学校新剧团。新剧团分设编纂部、演作部、布景部、审定部，各部负责人员由师生共同担任。如布景部由华午晴先生任部长，学生周恩来任副部长，这种搭配对学生是一个很好的锻炼。周恩来是南开新剧团的第一批成员，参加演出过《一元钱》、《恩怨缘》、《一念差》、《仇大娘》等剧，在剧中扮演女角孙慧娟、范蕙娘、烧香妇等，当时对他的评价是"牺牲色相，粉墨登场，倾倒全座"。

南开新剧团每年都有新的剧目推出。无论编剧、演剧，师生都极严肃认真，一丝不苟。每个剧本的排练、演出，都饱含着众多参与者的心血和人生体

---

[1]沈剡：《温馨的回忆》，《重庆南开通讯》第4期。

[2]颖（严仁颖）：《南开史话》，《南开校友》第4卷第3期，1939年1月。

验。剧本多以针砭社会不良现象，痛诋封建主义和帝国主义文化的弊端为主要内容，寓教于乐，积极健康，很有教育和警示意义，同时也有益于营造校园的文化氛围，所以每次演出都受到师生欢迎。民国初期，有学生撰《说吾校演剧之益》，把南开演出话剧直称为"校长张伯苓先生所乐道之精神教育"。胡适在《与TEC关于〈论译戏剧〉的通信》中也说道："天津的南开学校，有一个很好的新剧团……这个新剧团要算中国顶好的了。"

鲁迅、梅兰芳、陈大悲、宋春舫，以及后来的郑振铎、靳以、李健吾等也都像胡适一样，对南开话剧给予过关注。鲁迅在日记中就记载了他在北京看南开剧本《一元钱》等的情况。1915年周恩来等到北京米市大街的青年会礼堂（后来的北京红星剧场）演出《一元钱》，梅兰芳前去观看，还到后台参观化装并和演员亲切交谈，并特别赞扬了周恩来的精彩表演。

作为校园文化，张伯苓十分关心南开新剧团的艺术方向和剧本的社会意义。他强调剧团成员要从生活实

张彭春（左）指导曹禺演戏。

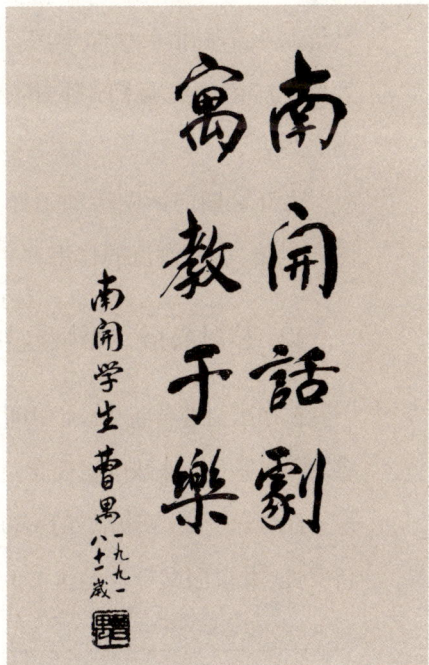

南开话剧寓教于乐

南开学生曹禺 一九九一 八十一岁

曹禺为南开话剧题词。

际中汲取营养,反对窝在学校里"闭门"造剧本。他亲自组织剧团的师生深入社会实际去体验生活,有一年暑假,他便率领新剧团成员优乃如、时子周、华午晴、周恩来等师生十一人乘船赴天津郊区的高庄,住在李氏小学,"凡居四日,每日三两成群,搔首构思","事暇或旅行三数里外,或泛舟河渠之中,或观学校,或观稻田,又或促膝谈心,晚则拱月坐,互评稿本,可则而,不可则去"。[1] 这次高庄之行,既编了剧本,又体验了乡间生活,还领略了村野风光,令人"眷念不置"。

张伯苓为了提高校剧团的水平,开阔剧团成员视野,不止一次让他们走出校门去观摩天津、北京职业剧团的演出。张伯苓认为,南开新剧团固然取得了一定成绩,但若要新剧之进步,"非观摩不为功"。他还提出:"凡事号为完全之日,即退步起点之时。"以此告诫团员勿骄勿躁。为此,他组织20名团员,包括教师时子周、尹劭勋、优乃如、林墨青及学生周恩来、李福景等乘火车去北京观摩学习。一路上,团中幼年者,由周恩来照护,往前门大栅栏广德楼观看了剧目《因祸得福》、《恩怨缘》等。三天时间,"得睹新剧之内容"。

南开早期的话剧活动正处我国文明戏向话剧的过渡时期,从而起到了导夫先路、引领潮流的作用。

12. 移风易俗　婚姻自主

在中国封建传统中,有所谓"女子无才便是德"一说,张伯苓对此深为反感。张伯苓有个妹妹叫张祝春,比他小8岁。张伯苓从小就关心自己的妹妹,但他不让她做个大门不出二门不迈的小家碧玉,而是主张让她做一个自主自立的新女性,并说服父母让她读书识字。妹妹喜欢弹琴,他就支持妹妹勤学苦练,

---

[1]《校风》第5期,1916年10月。

等到妹妹结婚时，张伯苓还送了一架风琴给她作
为嫁妆。后来又支持她入严氏保姆讲习所，学习
幼儿师范教育，毕业后到了天津著名教育家温世
霖创办的普育女学堂蒙养院任教，同时担任小
学音乐课的讲授，成为天津最早走上社会的知识
女性之一。

　　在张祝春的婚姻问题上，张伯苓表现得
相当开明。旧式婚姻，讲究"父母之命，媒妁之
言"，对女子尤其如此，往往是一对新人，在拜
堂之后才第一次两面相对。张伯苓的第一次婚
姻，就使他反省到这类婚姻对一般女子的巨大
伤害。所以他积极支持妹妹张祝春自由恋爱，
这在一百年前的中国，同样是令人大跌眼镜的
事。当时在南开学校甲班有个学生叫马千里，
思想新锐，才华卓越，担任南开自治励学会会
长。其时马千里已有过一次婚姻，其妻已经故
去，马千里认为他的第一次婚姻"不过形式上
之夫妻，非精神上夫妻"，两个人的人生理想、
对社会的认识，以及学问事业都格格不入，夫
妻双方几乎无话可说，以至家庭中出现"妇孺
不知天下事，反讥识者是疯魔"的现象。所以，
他非常向往"精神之夫妻"，向往"自由结婚"。
他认为："自由结婚者，男所见之女甚多，而独
爱此女，女见男亦甚多，而独爱此男，此结婚由
于拣选甘心，非勉强不得已。"他要找一个"思

张伯苓的妹妹张祝春。

想同、宗旨同、性情同、学问同、品貌同"[1]的人生伴侣，并公开提出择偶的具体条件：（1）在校求学五年以上；（2）必放天足；（3）订婚时换帖男女家互换，由本人收藏；（4）订婚后男女可时常见面交流思想；（5）婚礼皆去旧习。张伯苓赞赏马千里的这些主张，并把自己的妹妹介绍与马千里相识，于是两人开始鸿雁传书，交流感情。他们在信中既交流孝敬父母、家庭和睦之道，也讨论国家时势变迁、社会男女平等、女子参政等大问题。之后两人在结婚前见面，情投意合，始订下这桩婚事。青年男女婚前见面，在当时同样是冒社会大不韪之事。

旧式婚俗，讲究下大彩礼，结婚仪式讲究排场，形成日甚一日的"死要面子活受罪"的不良风俗。这种社会痼疾，像一根无情的绳索束缚着人们，不仅一般升斗小民难以抵挡，就是对当时马千里的家庭来说，也是一个不小的经济负担。张伯苓反对耗费钱财的旧式婚礼，主张男女真情相爱，所以马千里与张祝春的婚礼就从简操办，张家既不按当时的习俗收受马家的高额聘礼，张家也不陪送繁缛的嫁妆，更不广邀亲朋好友，大开筵宴。

1910年9月30日，马千里、张祝春喜结连理。婚礼在普育女学堂礼堂举行。新人不坐花轿而乘马车，现场只设茶点不摆宴席，张伯苓亲自做证婚人。这样的婚礼确是开了天津男婚女嫁的先河，不仅引来天津市民争相观睹，也令社会各阶层人士刮目相看，报纸也纷纷报道。天津《醒俗画报》以《结婚新礼》为题，图文并茂地予以宣传报道：

日昨下午，为私立中学学生马仁声君与普育女学教员张祝春氏，假普育女学堂内，举行结婚礼之期。是日往贺者，除两家之眷属及该堂之男女员司十余人，

---

[1]马翠官编：《马千里先生诞辰百年纪念（1885～1985）》，中国人民政治协商会议天津市委员会文史资料委员会1985年版，第89～90页。

该堂之学生一百六十余人外，计男宾到者百余人，女宾及各堂女生到者三百余人。新郎首先到堂伫候，至二钟余，新妇始乘马车到堂，少息行礼，礼毕同归。一时雍雍济济，诚创举，亦盛举也。社会上果慕而效之，未始非改良风俗之一端也。

婚后张祝春支持丈夫的革命行动和教育事业，马千里支持妻子发起女子禁烟会和天足会，为天津的女子解放积极奔走。1930年马千里积劳成疾，不幸病逝。46岁的张祝春身兼两个家馆的教师，在张伯苓与张彭春的帮助下，把5个年幼的子女抚养成人。

妇女的解放是社会进步的标尺。张伯苓顶住世俗的偏见，冲破社会上陈规陋习的束缚，为她的妹妹赢得了一桩美满的婚姻和一个幸福的家庭，显示了他在中国妇女解放

天津《醒俗画报》对马千里、张祝春婚礼的报道。

进程中的远见和勇气。之后，1920年南开大学开放女禁，招收女生；1923年创办了独立的南开女子中学，为更多的妇女走向社会、走向独立自主创造了更优良的条件。

13. 东北演讲，激醒张学良

张伯苓的演讲，是他引导、教育学生，唤醒社会民众的利器之一，在当时享有很高的声誉。南开学校每周的修身课，一般是由张伯苓讲他在甲午战争中的亲身经历，以激励学生牢记近代中国积弱积贫的历史，立志为中华崛起发奋读书。张伯苓善于演讲，声音洪亮，谈笑风生，言辞雄辩，严肃之中又有风趣，有着能把听众的人气都聚在一起的本事。追随他多年的一位老南开说，张伯苓"每到一处，青年们争先恐后，满坑满谷，去听他演说"。

1916年10月下旬，张伯苓赴吉林（今吉林市）、哈尔滨、双城、安东（今丹东）、奉天（今沈阳），以及朝鲜的一些地方游历。10月23日到达奉天时，应奉天基督教青年会之邀，在奉天基督教礼拜堂作演讲。

70年后，张学良与他本家晚辈谈话，回忆了他听张伯苓演讲的前前后后。张学良那时身体很不好，有病还常吐血，他父亲张作霖有个医务处长，原来在医院当医生，是个基督教徒，与张学良的关系很好。他劝张学良不要灰心，可以出去散散心。可张学良觉得国家弄成这个样子，作为一个中国人，活着还有什么意思呢？医务处长说，我可以给你一张票，去听听演讲。

那时候，关外还很少听到"演讲"这种时髦的词，16岁的张学良更不懂这玩意儿。但当他听说演讲者是天津南开学校的校长张伯苓，演讲的题目是《中国将来的希望有我》[1]，张学良一下就来劲儿了，心里想：中国将来的希望是什么？我正为这个问题彷徨呢！于是就想去听听。

---

[1]实际演讲题目由奉天基督教青年会拟定，为《中国学生今日之机会及责任》。

演讲开始，张伯苓即指出："吾国之所以不强，即由国人对国家思想薄弱。此人人所知者也。乃近数十年来，'爱国、爱国'，已成为口头禅矣。然岂空言所能有济？国诚人人所当爱，亦时时所当爱，而当国基不甚稳固之时，愈当爱、愈当思有以爱之之实在。津门谚云：'儿不嫌母丑，狗不嫌家贫。'语虽浅白，实有至理。国家虽弱，国民之爱国热诚，决不当弱。苟因国家之弱，遂抱悲观，恶乎可？试问国为谁国？国家之主人为谁？余与在座诸君皆是也。自己不能奋勉，而犹推却，却之何人乎？犹观望，望之何人乎？我辈既属弱国之一人，即为弱国之一人，焉有尚嫌弱国之理。""在为学者，断不能有此想，亦断不可有此想。问之诸君，然乎？否耶？如其然也，则此后希望，正复无穷；此后事业，正方兴未艾；此后之目的，更宜从今日作起。有机会，有责任。"

说到此，张伯苓在讲坛上放一国旗，下坛与听众向国旗同行三鞠躬礼。

礼毕，张伯苓又讲国家形势："吾人现在正当困厄之时，允宜勤洗数千年之积垢，勤剃诸障碍之魔鬼，振起精神，奋勉勇进，切勿因一时之不得意，遂神丧气阻，不能复振。""我以世界偌大之国，以言豆剖瓜分，谈何容易，岂蜂起云集，一举手而即可分割耶！抑必我先自分崩离析耶！须知我不自亡，未有能亡我者，若其能亡，则亡之矣，岂待今日哉！其所以迟迟者，正为我之难亡耳。人既能利用此潮流时期，我岂不能利用之！勿灰心、勿丧志。"

随后，张伯苓讲到青年人的机会与责任："故吾人今日之机会，即在造新国，责任亦在造新国。""然则吾人今日之机会责任，果从何处作起乎？"

此时，张伯苓拍着胸膛大声说："人人从此作起！人人从自己作起！人人由最近处作起！勿望人！勿盼伴！各人尽各人之事，合则即一国尽一国之事矣。何事不成！""简单地说，中国将来的希望有我。"张学良听到这里，心想：哈哈，有你，你算什么东西？有你又怎么样？有你中国就不会亡？哈哈！张学良回忆说："我那时十六七岁，第一次出去听讲演，要是与张伯苓熟悉，我非跟他干起来不可。年轻时我冲得很！"

张伯苓讲道："西谚曰：'第一仇敌即自己。'不能胜己，未有能胜人者。诸君当常以自身作一寒暑表，以国家为空气，欲知国如何，当问自己如何。对于自己，须常常反省自讼：为人谋不忠乎？与朋友交不信乎？久而久之，则公德、正直、公益诸美德即由此起矣。""吾人当未雨绸缪，切莫临渴掘井。有志者事竟成。国事固非一蹴可几，必待诸将来。但今日为将来之因，将来为今日之果。欲得善果，须造善因。造善因如何？不外以上三者，而其根本，则在从自己作起。其作法有三目的焉。（甲）宜有哲学的脑筋，追究其所以然之故，是为理想时代。（乙）宜有科学的知识，考求其真伪之所在，作实行之预备。（丙）宜有宗教的精神，抱躬践主义，遇事不作成不止。"

张学良听到这儿，来了精神，他说："哎，我一听，张伯苓是个好样的，说的话很有道理，首先是他给我以希望。从此，我跟奉天基督教青年会有了来往。"张学良最后说："我就是从这时开始醒悟过来的。"[1]

从此，张学良与张伯苓熟络起来。后来，他请张伯苓做了东北大学校务委员会委员，并向南开大学捐款。张伯苓也经常为南开经费事宜求他代为登高一呼，特别是为吉林毓文中学，张伯苓曾多次致函张学良请其给予关照。毓文中学是南开毕业生韩梓飏、李光汉等人创办的一所"南开式"的私立中学，得到张伯苓的支持，并被聘为名誉校长。这所学校在吉林很有名，被誉为"吉林的小南开"，朝鲜的革命领袖金日成1927年至1930年曾在该校学习。1930年12月16日，已经荣膺海陆空军副总司令的张学良偕夫人于凤至及随员十余人来南开大学视察。他在向全体同学讲话时，又回忆起当年聆听张伯苓演讲的情景，说："鄙之所以有今日，亦实南开之赐。因

---

[1]《张学良对本家晚辈口述身世》（张友坤据录音整理），2001年12月7日《南方周末》。

1930年12月，张学良作为国民政府陆海空军副总司令偕夫人于凤至等视察南开大学，并发表演讲。在演讲中，他仍念念不忘14年前张伯苓的那次演讲与晤谈，谓："鄙之所以有今日，亦实南开之赐。"

十四五年前感东北受日俄之侵略，内乱频频，自觉毫无希望，只好坐待为亡国奴耳！对于世事，极其灰心。后聆有名人赴东北讲演《中国之希望》（即《中国将来的希望有我》——编者注），奇而往听，志气为之大振。此即贵校校长张伯苓先生是也。"他还回忆说：当时最受感动的一句话是，"不要抱怨别人，靠自己去干！"最后，他面对全礼堂的南开大学学生说：现在"仍以此语回送与贵校同学"。[1]

时至1990年8月3日，被幽禁54年的张学良在台北首次公开接受日本NHK

[1]梁吉生：《张伯苓年谱长编》（中卷），人民教育出版社2009年版，第127~128页。

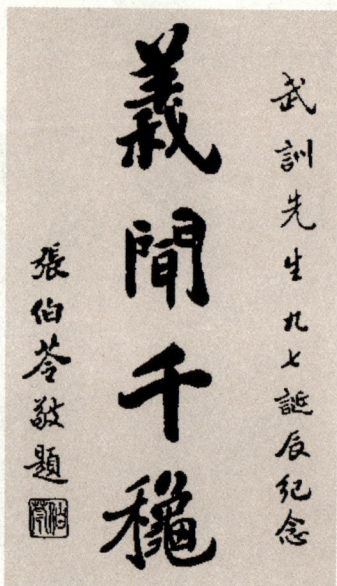

義聞千穐

武訓先生九七誕辰紀念

張伯苓敬題

张伯苓为武训九七诞辰题词。

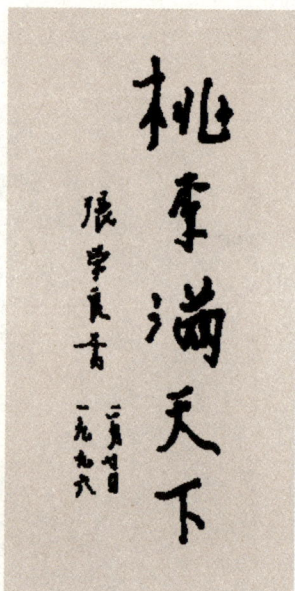

桃李滿天下

張學良書 一九九六

1996年，张学良为张伯苓诞辰120周年题字。

电视台记者矶村尚德等的专访，当记者问"先生年轻时受谁的影响最大"时，张学良答道："张伯苓。"

1996年是张伯苓诞辰120周年。这年2月20日，96岁的张学良在檀香山为纪念张伯苓写下条幅"桃李满天下"。次年的6月1日，又题写了"伯苓堂"三字。这天，正是张学良的生日。为南开大学求此墨宝的宁恩承在附信中写道："汉公耳聋眼花，九七高龄，久已不能执笔。只因他对于伯苓先师终身敬仰崇拜，每自为南开学生，故勉为其难写此三字。"[1]

[1] 梁吉生：《仰望南开》，南开大学出版社2009年版，第295页。

四 "教育是我中年的生命"

严修、张伯苓等在美考察教育。

四十岁留学

　　1916年，南开中学已有四个年级近千名学生，这对于一所私立学校来说，不可不谓规模宏大。但是，这只是张伯苓办学路上成功的第一步。同年，张伯苓在南开中学基础上设立专门部，由刚从美国留学归来的他的胞弟张彭春任主任。专门部设有英语专科和高等师范专门班。专门部的设立，成为南开学校建立大学的预演。

　　建立大学是张伯苓的教育愿景之一。实际上张伯苓建立大学的思想早已经很明确。1916年9月20日，他在修身班演讲时说了一番"打破保守，努力进取"的话，充分表明了他的进取精神。他认为："各校中有进取者焉，有保守者焉。吾校进取者也。""然进取与保守之分别安在？进取者如万物正盛，譬之一年春夏之时也；保守者如万物已衰，譬之一年秋冬之时也。故进取得一日之朝气，而保守得一日之暮气焉。有朝气者，凡事振作；有暮气者，凡事颓唐。"[1] 这是张伯苓与时俱进干事业的思想基础。张彭春则具体描绘了他哥哥建大学的设想：在专门部基础上，以人文社会学科为主，分类设置专业，包括政治学、经济学、社会学、哲学、心理学、历史学、中国文学、英国文学等，建设目标是向欧美大学看齐，若干年后"必与之并驾齐驱"。[2]

---

[1] 王文俊、梁吉生等编：《张伯苓教育言论选集》，南开大学出版社1984年版，第26页。
[2] 《校风》第36期，1916年6月。

张彭春（1892~1957），字仲述，美国哥伦比亚大学哲学博士，曾任南开学校专门部主任，南开中学主任、代校长，南开女中代理校长，南开大学教授，清华大学教务长等职。

张伯苓的大学设想，得到严修及南开校董范源濂的肯定。张伯苓遂决定暂时放下身边的事情，去美国专心研究大学教育。严、范二公积极支持张伯苓的这一举措，而且还表示继张之后偕行赴美考察教育。

不惑之年的张伯苓即着手赴美的准备工作。他先是致函哥伦比亚大学师范学院孟禄博士（Dr. Paul Monroe），孟禄回信告知，可以为他提供与本年学费等额的荣誉奖学金。之后，张伯苓利用春假住进清华学校，收集有关资料，进行留学前的知识准备。他特地去拜访北京政府顾问莫理循（G. E. Morrison），来到了莫理循在王府井大甜水井胡同的住宅。莫礼逊有一个藏书丰富的私人图书馆，张伯苓形容其"书架满屋，琳琅满架"。这个图书馆以英文书为主，余为法文、德文、拉丁文、瑞典文等图书。莫理循一一为他介绍。张伯苓在清华居住数日，潜心阅览"莫君为余所介绍之书"。

张伯苓通过对西方文化的了解和对世界大势的观察，感到学术思想潮流应顺势而为，应努力学习西方。周恩来所在年级举行毕业式时，张伯苓请来北京大学陈独秀教授颁奖，并请陈在校作题为《近代西洋教育》的演讲。张伯苓在致欢迎词时，特别谈到中国的学术思想潮流必须"舍旧维新"。陈独秀很赞赏张伯苓的教育观，说："鄙人觉得张校长这话犹是对那没有知识比较中西文明的人'说法'。"因为普通中国人没有张伯苓这样的见解，他们总以为西洋各国只不过富国强兵而已，在文明制度、学问思想上，还是中国比西洋优胜。"简单说来，就是不信服西方文明驾乎中国之上，所以不信服中国教育必须取法欧美。"[1]

陈独秀这番话，实际上是对张伯苓的教育观的最好注释。张伯苓就是抱着"中国教育必须取法欧美"的诚心，于1917年8月7日踏上赴美旅程的。9月11日张伯苓抵达纽约，随即办理了哥伦比亚大学师范学院入学手续，开始留美的学习生活。

哥伦比亚大学师范学院创立于1887年，初名纽约教师培训学校，1892年改名师范学院，1898年并入哥伦比亚大学，成为哥伦比亚大学四所附属学院之一。哥伦比亚大学师范学院不仅是美国最大的师范学院，而且与中国教育有着很深的历史渊源。张伯苓入校时，正是该院的黄金时代，杜威（J. Dewey）、桑代克（E. L. Thorndike）、克伯屈（W. H. Kilpatrick）、孟禄等

张伯苓在哥伦比亚大学。

[1]《新青年》第3卷第5号，1917年7月1日。

大师级教育学领袖都执教于此。他们开设的教育哲学、教育心理学、教育史学、教育管理学、教育行政等，都是张伯苓选修的课程。一位年逾四十的中国著名中学校长成为哥大师院的学生是一件引人注目的事情。就在张伯苓入学不久的9月24日，著名的进步主义运动先驱克伯屈在他的日记中写道："课程开始了，但教育441（课程名）设在了236（教室），有37个人。他们看上去是一个很好的集体，我想我应该和他们愉快相处。张伯苓是他们中的一位。他是中国中学教育的先驱者，一个国际知名的人。"张伯苓除了每天到学院听课，还参加学院的实习课程。12月5日，克伯屈在他的日记中写下了如下的话："在张伯苓的陪伴下，我花了几小时时间访问了霍勒斯·曼学校，见到麦克丽·巴尔克·白乐驰小姐，他们工作得很好。张是个很聪明的人，他正在这里学习。"[1]

张伯苓还热心学院的中国留学生活动，不久当选留学生会主席。他在学院用英语发表演讲。有一次是讲中国教育问题，他说，中国教育有两大需要：一是发达学生自创心，一是加强学生遵从纪律心；强调"中国新教育最要之目的，即为训练青年人以社会服务心"[2]。

张伯苓在哥大师院留学期间，不仅注重课堂学习，还实地考察美国学校教育。

1918年5月，严修、范源濂到达美国与张伯苓会合后，他们开始一起对美国教育进行实地考察，为创立南开大学做进一步的准备。严、张等一行先后参观考察包括美国东、中、西部的大、中、小学近50所，每到一所学校，"先听其校长谈伊宗旨，教法最新者"。对于大学考察尤详，包括哥伦比亚大学、芝加哥大学、格林奈尔大学、旧金山大学、加利福尼亚大学的学制、行政制度、

---

[1] 哥伦比亚大学档案。
[2]《南开思潮》第2期，1918年6月。

设备管理、图书馆等。有时张伯苓还陪严修到哥大师院听课，拜访学院的教授，对美国大学制度有了较深入的了解。

张伯苓毕竟有着多年的教育经验，知道课堂上所学与经历上所得，两者必须贯穿，而严修作为教育家也急于了解哥大师院的教学内容。于是严、张便有了个约定：张伯苓每次听课回来，就到严修的住处给严修介绍所学内容。据严修在日记中所记，从1918年7月7日起，张伯苓至少给他讲了20次。"伯苓每日往大学师范部听讲两次，至夕则来复为余讲述。"[1] 这种"讲述"，不似小学生的照本宣科，而是教育家与教育家之间的交流，是一种教育智慧和精思的切磋，蕴涵着两位智者教育理念的交融与碰撞。7月17日的严修日记就有"晚与伯苓谈吾国教育，辩谈许久"等文字。

与哥大师院名师的交流让张伯苓获益匪浅。有一次他拜访克伯屈，就中美教育交换看法。克伯屈建议，考察美国教育要特别注意学校的筹款、学校与纳税人的关系，注意了解学校如何调动学生学习的主动性等。张伯苓还经常与美国同学交换意见。有一次讨论教育宗旨和大学应设科目，他与美国同学得出的结论是"一切均以切于现在生活为准"。这给他很大的启发。后来，从社会实际出发，为社会服务，成为张伯苓教育思想的一个重要方面。

与在美留学的中国青年学者的广泛交游，成为张伯苓在美期间研习美国教育理论和教学方法，实地考察美国教育之余的另一项重要工作。张伯苓的年龄、教育家身份以及留美学生会主席的职务，加上严修的德高望重，都为他与在美国留学的中国青年学者广泛交游提供了便利。在一年多时间里，他广结善缘，开拓人脉，知交天下，结识了不少有为的青年学者，这些人包括：李广钊、袁复礼、赵元任、金岳霖、朱家骅夫妇（过美逗留）、邓萃英、张敬虞、傅葆琛、侯德榜、郑宗海、李国钦、查良钊、王文培、王懋祖、郭秉文、张

---

[1]《严修日记》（4），南开大学出版社2001年版，第2182页。

1918年12月，严修、张伯苓从美返国途经日本，与周恩来（前排左三）等留日南开校友合影。

士一、刘廷芳、廖世承、张贻志、凌冰、郭毓彬、吴承洛等。张伯苓主动了解他们的专业情况、回国意向以及对国内教育的看法，不仅开阔了视野，也从这些青年学者身上感受到青春活力和信心。同时，张伯苓在美国期间还为即将成立的南开大学预聘了七八名教师。良好的人际交往能力，使张伯苓赢得了留学生的信任，也使日后南开大学延揽在美留学的青年才俊有了一个良好的开端。后来开创了南开社会经济研究一个时代的何廉教授，就是在美国耶鲁大学获得博士学位后，拒绝国内其他学校的高薪聘请，却慕张伯苓之名，接受了南开大学相对低得多的薪金，来南开大学工作的。两年后，另一位耶鲁大学博士方显廷又慕何廉之名，也来南开任教。

1918年11月24日，张伯苓同严修、范源濂、孙子文乘"委内瑞拉"号轮船离美回国，12月14日船到日本，在东京短暂停留时，他把准备成立南开大学的消息告诉了在日本留学的周恩来等南开同学。12月24日，张伯苓一行回到天津。

回国后的张伯苓用"很有收益"四个字总结了自己的留美生活。他深切感受到了大学教育对国家的重要。他说:"一年多来考察他们的国情及人民的精神,遂知教育是一国之根本,并且一国的人才全由大学产生而来。现在我国教育不兴,人才缺乏,不禁使人感而思奋,要立即创办大学。"

在美国的留学经历,让张伯苓收获了一种教育理念,创办大学的愿望更加迫切。

南开大学的建立与发展

1. 大学初创

做一所新创办的大学的首任校长,要比做一所现成大学的继任校长面对多得多的困难。南开大学计划成立时,还处于"三无"状态 —— 无校舍、无经费、无教师。在这种情况下办大学,而且是私立大学,张伯苓、严修真是有点"胆大妄为"了。

好在那时候,北洋政府对教育机构的管理并不严格,有公立学校和私立学校并存的社会环境,社会上对私立学校也不视为"另类"。张伯苓考察过美国、日本的私立大学,觉得私立大学比公立大学更有学术独立、灵活自由的优点。他也知道国内大学的状况,他说:国内国立的、教会的大学是不少,但真正民立的大学却不多见,南开大学正可作为民立大学的表率,成为国立大学的补充。

春节刚过,阳回斗转,张伯苓、严修等马上就动手干了起来。首先成立了"大学筹备课",由张彭春任主任,负责草拟校章,规划校舍。张伯苓和严修

为筹备建立南开大学,张伯苓广邀中外各界人士,共襄盛举。

"跑部"进京,拜访名家要人。此时的严修可真让张伯苓感动——已是花甲之人,身体本不硬朗,又刚刚经历了丧子之痛,张伯苓本打算让老人多将息些日子,可是严老先生老当益壮,没等张伯苓招呼,就找到学校来,非让在学校给他安置一个办公室,吃住在这里,与大家一起筹划建校。老实说,论社会名望,筹措大学经费还真离不开严修。1919年2月16日,严修、张伯苓到北京,17日去见教育总长傅增湘,商询成立南开大学事宜,接着在六味斋约见蔡元培、胡适、陶孟和,就办学事宜请他们献计献策。严修又与曹汝霖谈南开学校扩充之事,请其帮忙,并邀请其出任南开的校董。北京的事有了眉目之后,他们随即去山西拜访阎锡山,到保定见曹锟,到南京见李纯。经过他们在大江南北的奔波、说项,大学的办学经费总算有了着落。张伯苓用这笔经费的一部分购得南开中学南面一块地段,5月动工起建教学楼。这件大事,张伯苓交给了华午晴督办招标和施工。华午晴敦厚、淳朴、内秀,自学建筑设计,算得上是行家里手。建设商为承揽工程，到华午晴家里送礼，华一见状，立即将来人赶出家门，扬言如再以贿赂讨我人情，则中断建筑合同。后来他索性把铺盖卷搬到工地，日夜监工，结果是一座二层大楼"阅三月而竣工"。

在此期间，招聘教师的工作也在有条不紊地进行。美国哥伦比亚大学博士凌冰回国，担任南开大学部主任，他负责聘请在国外留学的优秀人才回国到南开执教。

"三无"很快变成了"三有"。于是张伯苓召集南开中学四年级的学生报告大学有关事项，他满怀信心地宣布："本校大学定可成立并有十分把握。"

张伯苓真的创造了一个奇迹——当年建校、当年招生、当年开学。

南开大学初设文、理、商三科，第一届新生共录取周恩来、张克忠、张平群、郑通和等96人，计文科49人，理科19人，商科28人。周恩来入的是文科。他在1913年至1917年在南开中学学习四年，毕业后去日本留学，五四运动前

严修、张伯苓等在南京筹募南开大学办学经费时留影。

南开大学最初的校舍。1923年大学部迁址八里台后，原校址划归中学部使用。

夕回到天津，被张伯苓批准免试保送入南开大学。1946年9月，周恩来在接见美国《纽约时报》记者李勃曼时曾说："1919年五四运动时回国，又进南开大学，参加五四运动，主编《天津学生联合会报》。"[1]

1919年9月25日，南开大学举行开学典礼，11月22日补开南开大学成立大会（本应在校庆日10月17日召开），张伯苓在两次会上都作了讲话。在开学典礼上的讲话中，张伯苓提到了对南开大学成立有反对与赞成两派，反对派有三种人，包括守旧、执政和社会新派，很有一点代表性。他们不相信没有大学资历、赤手空拳的张伯苓能办成大学。罗隆基在南开大学成立15年后，还提到这件事。他说："张伯苓先生这位中国人真特别。北平许多学校正在欠薪欠得一塌糊涂，政府的学校都快要关门了，这位张伯苓先生有什么本事，却

---

[1]中共中央文献研究室第二编研部编：《周恩来自述》，人民出版社2006年版，第22页。

1919年9月25日，南开大学举行开学典礼。第二排左十一为严修，左十三为张伯苓。

要在这时候来办个私立大学，这不是自己对自己开玩笑吗？且看他将来如何吧。"[1]当年的怀疑派罗隆基后来也做了南开大学的教授，在南大兼课，亲眼看到了这所大学的成绩，从而不得不信服张伯苓的办学能力与干劲，并称其为"伯苓精神"。

南开大学第一届毕业生，任过甘肃省教育厅厅长的郑通和在1931年与黄炎培交谈，曾经引述了张伯苓的几句话，他说，校长张伯苓先生有言：凡一私立学校之能产生于世，既产生而能永久在，日渐滋长者，当事人至少须有三种条件：（1）对教育有信心；（2）能合作；（3）负责任。三者缺一，即无成效可言。1924年末，张伯苓总结南开学校二十年来虽屡经变更和困厄，却不致停办，且蒸蒸日上、一日千里的原因，也说了三个方面："（一）信——认定某

[1]《南大半月刊》第15期，1934年10月17日。

一事业，始终以之，不半途放弃，此信之谓也。（二）永变——方法不变，虽宗旨甚佳，亦不免于守旧，且有碍于进步。吾人宗旨固始终保持，不肯放弃；而进行方法则时时改变，务使其收利益多。（三）专——此项为一切事业成功之要素。抱定某一目的，竭毕生之精神，振刚毅之魄力，猛勇赴之。虽以身殉，不惜也；虽以利诱，不顾也。"[1]

通观以上两则，可见张伯苓的人格特质与超拔的气概，这也正是教育家办教育的真谛。

2. 迁址八里台

1919年学校开学的时候，南开大学只有一所二层楼的校舍，楼上办公上课，楼下吃饭。

在当时动荡不安的社会环境中，严修、张伯苓面对筹集办学经费的重重困难，仍然通过积极的募捐，将达官贵人、巨绅大贾手中用以挥霍享受或盘剥牟利的资财，转而用于百年树人的教育事业。严修说："盗泉之水不可饮，用它洗洗脚，总不失为一有益之举。"张伯苓也说："美丽的鲜花不妨是由粪水浇出来的。"1920年，江苏督军李纯病逝，遗嘱将其遗产的四分之一捐赠南开大学，其后李纯家属以元年公债218万元交付南开大学，此项公债再由北洋政府财政部抵换整理六厘公债，南开大学实得87万元。这是南开大学自建校以来，得到的最大一笔捐款。同年，六河沟煤矿股东李组绅兄弟答应每年捐助南开大学3万元。1922年，北洋政府财政部开始给南开大学拨付整理债券90万元的利息，约每月4500元。至此，学校的经济状况稍有缓解，也有了进一步发展的基本条件。

与此同时，南开大学也在积极而稳妥地扩大与发展着。1920年秋，南开大

[1]张伯苓：《四十年南开学校之回顾》，《南开四十周年纪念校庆特刊》，1944年10月。

学响应社会的呼声，开放女禁，开始招收女生，实行"受业学生男女合校的制度，男生、女生皆可以入学"。[1]这在北方私立大学中为第一家，同一时期，北方的国立大学也只有北京大学一家招收女生。1921年，张伯苓利用李组绅的每年3万元捐款，在大学增设矿科。1922年暑假，南开大学又招收新生76名。至此，南开大学四个年级已经齐全，文、理、商、矿四科学生总数达到316人，其中女生26人；学校职教员45人。

随着学校人员的增多与学科的扩展，又出现了新的矛盾。原有的校舍已不敷使用，而现有校址也无再发展的空间，学校迁址势在必行。

1922年3月，学校租得八里台村北、村南永租公地两段，计400余亩，并立即向银行临时押借建筑费，5月由基泰公司承包，开始兴建新的校园。

那时的八里台对于天津城来说，是一处很偏远的郊区，十分荒凉，除了村民耕种的少量稻田，到处是低洼水塘，芦苇丛生。即使到了20世纪20年代末，美国著名作家史沫特莱来到天津，在她从租界去南开大学时，见到的仍然是一路荒凉："一辆出租汽车载我到南开大学去会见一批教授。……我们沿着已经被雨水泡得泥泞不堪的土道颠簸着前进。一片片黄土平原上蹲伏着许多矮小的茅舍村落……衣衫褴褛、浑身肮脏的孩子们挎着小篮在垃圾堆上挑拣破烂什物。道路两侧的野地里，有许许多多的坟，坟头的土堆经过风雨剥蚀，露出了一口口与地面平齐的朽烂棺木。我们汽车引擎的轰隆声惊动了正在啃着人骨头的一群野狗。它们丢下支离破碎的残骸，跑跳着，狂吠着，逃向荒野的远处。"[2]当年的校园建设者们所面临的艰辛由此可见一斑。

但是，在南开的字典里没有"难"字。张伯苓曾说："南开"，"难开"，

---

[1]邹宗善：《南开的大学》，《校风》十六周年纪念号特刊，1920年10月17日。
[2]〔美〕艾格尼丝·史沫特莱著，江枫译：《中国的战歌》，作家出版社1986年版，第55页。

建设中的南开大学。当时的八里台，还是一片苇地泽国。

"越难越开"！张伯苓等南开人以其一贯的面对困难时"不可救药"的乐观精神和精简高效的办事传统，仅用了一年时间，即在1923年6月，就将教学楼及第一男生宿舍交付使用。教学楼被命名为"秀山堂"，并立李秀山铜像，以资纪念。南开大学新校园雏形渐显。

此时适值南开大学第一届学生毕业，毕业典礼就在秀山堂内的礼堂举行。6月28日，21名毕业生身穿仿美国式方帽宽袍的学士学位礼服，来到八里台，受到200多名各界来宾的欢迎。开会时，张伯苓、梁启超相继发表贺词，然后颁发毕业文凭。邱凤翔、黄肇年、郑通和、陈同燮等12人被授予文科学士学位，赵克捷获理科学士学位，祝瀛洲、梁景琭等8人被授予商科学士学位。这是南开大学经过四年艰苦奋斗，第一次向社会输送的本科毕业生。

继秀山堂和第一男生宿舍竣工后，第二男生宿舍、女生宿舍和9所教职员宿舍也相继完竣，交予学校使用。1923年9月，南开大学正式迁入八里台新校址，从而为今后的发展提供了更加广阔的空间。其时南开大学学生人数达到326人，教职员56人，一批年轻学者受聘来校，师资阵容加强，学校在原有文、理、商、矿四科基础上，又增设大学预科。

迁到新的校址，只是南开大学发展的又一个新的开始。面对满地芦蒿，

正在建设中的
南开大学校舍。

秀山堂内的南开大学礼堂，南开大学第一届毕业生举行毕业典礼之地。

森森水波，在一片蛙声中，南开大学的建设者们又开始了新的拓荒。

1925年8月，经北洋政府教育部审订，南开大学正式立案。

1925年秋季，南开大学科学馆告竣并投入使用。科学馆是由美国洛克菲勒基金会（时称洛氏基金团）与袁述之、袁潜之兄弟合资兴建的。1922年，张伯苓通过友人与该会取得联系，请求该会为南开大学提供资助，建筑科学馆。但美国人的钱，也是经过自己的努力打拼挣来的，在花钱的时候，就格外仔细认真，即使像洛克菲勒这样的美国巨富也是如此。他们在同意捐助之前，先要考察受捐对象是否值得捐助，也就是说，要考察受捐对象是否能用他们捐赠的钱来发挥应有的作用，而不是把他们捐助的钱毫无意义地浪费掉。对南开大学的考察，就是来南开大学听一堂课，看一看南开的教学水平。这一堂课成为南开大学是否能得到该基金会巨额资助的关键。这样的重任交给谁呢？张伯苓想到了邱宗岳。岳宗邱是美国克拉克大学的博士，在美国前后攻读研究近十年的时间，1921年受聘来到刚成立不久的南开大学，时任南开大学化学教授。1922年12月初，洛克菲勒基金会驻华代表Gee来到南开大学，在听完邱的课后，他赞不绝口，认为："就是在美国最好的大学里也很难听到这么高水平的课。"不久，洛克菲勒基金会的10万元建筑费和2.5万元设备费就转到了南开。南开人戏称邱先生的"一堂课换来一座楼"。

其实，事情远非如此简单，10万元只是总建筑费的一半，就像现在国外的捐助者一样，他们要求学校拿出另一半的配套建筑费。张伯苓又与袁述之、袁潜之兄弟联系，二人遂以其母袁太夫人的名义捐助7.5万元。1923年4月，科学馆开始兴建，次年建成，为表饮水思源之意，命名该楼为"思源堂"。该楼共三层，建筑面积3900余平方米，是抗战前南开大学理科教学与科研的场所。

1927年3月，寓居天津的卢木斋捐资10万元，兴建了南开大学图书馆。1928年10月17日南开大学成立9周年之际，举行了图书馆落成典礼。为纪念卢

南开师生在思源堂前合影。

木斋"嘉惠学子"之举，张伯苓将其命名为"木斋图书馆"。

之后，为给女生创造更为便利的学习生活条件，1931年，南开大学拟于秀山堂后建筑女生宿舍楼一座。该项动议得到了天津士绅陈芝琴的支持，由陈捐助建筑费3万元。该楼于1933年落成，命名为"芝琴楼"。

从1922年开始建设南开大学八里台新校园起，到1933年芝琴楼落成，张伯苓带领他的南开同人在这片水草间，不仅建起供师生们研究、教授、学习、生活的高楼大厦，收集了当时堪称丰富的书籍资料，置办了在全国也属先进的实验、教学设备，还把当初的蒿草地、泥水塘变成了一所"风荷送香，烟柳袅翠"的美丽校园，成为20世纪30年代天津有名的风景区。张伯苓也不时邀请南开的客人到南开大学"相与荡舟一游"。1934年诗人柳亚子到南开大学，面对校园的林光水影，直赞此乃"桃源仙境"。

张伯苓（右灯柱前戴墨镜者）和卢木斋（左灯柱前留白须者）等在木斋图书馆落成典礼上。

教育理念不是教育家案头的清供，而是实实在在的办学实践。私立南开大学的创办与发展，是张伯苓呈给中国教育的一份优秀答卷。

香山会议，民主改组

南开大学的成立，提升了南开学校的办学层次，开创了南开教育的新纪元。怎样使新的大学制度在新生的大学里滋长，是张伯苓面临的一个问题。新旧交替，封建传统的教育积弊、僵硬的教条主义盛行，尤其需要这一代教育家挣脱桎梏，勇往直前。

南开大学成立时，学界风潮激荡全国，天津也不例外。南开在天津是众望所归的领袖学校，一直走在运动前头。1920年1月，直隶当局镇压学运，南开损失惨重，周恩来、马骏、马千里、时子周等多名师生被捕入狱。许多学生因时局动荡退学或转学。张伯苓一直没有来得及推进学校改革。

在20世纪第三个十年开局之际，即1921年1月，张伯苓把学校改革提到日程上来。他要把现代大学制度引入南开，要解决新观念注入旧体制时发生的体制上的不适应问题。为此，要从管理层面上进行制度设计和机制改革。张伯苓这么做是经过深思熟虑的，这段时期，他到各地演讲、考察，深深感到"中国教育越办越糊涂"。面对当时的一些学校大赚"混账钱"，一些读书人只求"个人之生活"的现状，张伯苓越发认识到改革的急迫性。就南开而言，他对学校改革目的进行了明确的归纳，即"期望每人皆成一个人"，"使个人皆得充分发展他的本能"。[1]

南开学生创作的漫画，寓意南开人通力合作，如肩重之石夫，共担重任。

---

[1] 王文俊、梁吉生等编：《张伯苓教育言论选集》，南开大学出版社1984年版，第94页。

张伯苓在1921年连续采取了几项大的举措，南开校史上有名的"香山会议"就是其中的重头戏。这年1月，张伯苓召集大、中学部各课主任及各班学生代表20余人，在北京香山慈幼院召开会议。学生作为会议正式代表，参与学校兴革大事的讨论。学生起初有点不适应，怕在老师面前说话不便。张伯苓不这么认为，他说，改革必须有一种合作精神，学生参加进来，才"不肯将改革视为多事"。

会上，不论校长、各课主任，还是学生代表，凡与会人员均可提出问题，交由大家讨论。会期前后共6天，讨论议题共约40项。会上确立的学校管理的三项基本原则，成为本次会议最重要的成果，也确立了此后南开学校管理的基本模式。这三项基本原则是：

（一）校务公开。学校一切事，不是校长一人号令，应大家共同商量，所以要大家同负责任。有了此种力量，才能一致的奋斗，况教育目的不是饭碗，要有高过此的意思。若要达到这种意思，非得全体一致的动作不可，所以校务要公开。

（二）责任分担。全校师生既是都负责任，必须认定自己的责，尽了自己的职务才行。史秫芬有言："决无一时就好的事，非得除了自己病不可。"我们在教育界作事的，没有贪的机会，但觉努力犹小，要广造新青年才行。然而若造新青年之改良新社会，决不是在书本上就行的，非得以身作则，用精神感动不可。

（三）师生合作。此项决议非空说即行，我们此次到西山，有学生十几人。当时学生中有说，学生同去，恐于说话不便。然既同往时，大家一齐讨论，一同饮食、居住，精神是非常之好。盖无形之中即能感动。此后即将此种精神推于全校师生。吾得有暇，以办筹款事务。[1]

---

[1] 王文俊、梁吉生等编：《张伯苓教育言论选集》，南开大学出版社1984年版，第79～80页。

香山会议后，张伯苓与其他与会人员合影。

　　会议的另一个重要议题是"学生自治"。会议认为，造成合于共和国之国民，养成自由独立之人格，发达个性，实行互助等，都必须提倡学生的自治精神和自治能力。会议决定，各班班长改为值周生，让学生都有服务机会，成立师生校务委员会，参与学校管理事宜。

　　香山会议是南开学校创办以来，由学校管理者第一次主动组织的校务改革刷新研讨会，并收到了良好的效果。张伯苓评价此次会议说："诸列席者研究心之富，办事心之勇，为吾南开辟一新纪元，开一新道路，建一新楼台。"

以慈母丧葬费办女中

　　在南开大学成立那年月，女子入学还是个不大不小的问题。家庭不愿女孩读书，社会上能为女子提供的教育资源更少得可怜。教育承袭了太多的封建传统。张伯苓是个开明的教育家，他称"女子为国民之母"，反对女子缠足，反对女子沦为娼妓，主张男女婚姻自主，支持女孩子走出家门读书学习。他创办的南开女子中学与南开中学比肩而立，享誉社会。

南开大学成立后，第二年就招收了女生，成为继北京大学开放女禁后第二所招收女生的大学。1920年12月，就南开设立女中一事，张伯苓向校董会提出报告，女中附于南开中学或南开大学，或独立。1921年，中华教育改进社在济南讨论女子教育时，张伯苓明确主张，要发展女子教育必须速办女子中学。张伯苓的主张说到了一大批想求学上进的女孩子的心坎上，各女子小学校的毕业生便以天津女权请愿团的名义敦请各方，开放女禁。她们先后向北洋大学、天津高等工业学校校方联系，但都吃了闭门羹。不得已，她们又派代表面见直隶教育厅厅长张谨，得到的回答是："你们女孩子不要学外国女子要读中学。女子只要读读师范，毕业后教小学就行了。"并说，"近日欧美之风，汝等且无效之。"女生代表继续苦苦哀求，张谨很生气地说道："无论如何不办女子中学，因为我们督军、省长都不赞成办女子中学的！"

女学生对继续接受教育的渴望，使她们把最后一线希望寄托在张伯苓身上。由南开校友王文田等撰写的《张伯苓与南开》一书，记叙了她们请求张伯苓办女中的过程：

1922年我在天津女子小学毕业。当时颇感未有适宜的女子中学继续升学之苦，加以当时若干同学受到五四运动潮流的影响，认为男女教育应有同等机会。适值其时，听说南开学校的大学部迁往八里台新校舍。于是当时各女子小学校的毕业生，联合数十人签名，给张伯苓校长上书，要求在大学部的旧址（南楼），即男中部的南端，设立女子中学。上书原稿无存，大意是：（一）女子教育与男子教育同样重要；（二）天津缺少女子中学；（三）南开大学既迁往八里台新校舍，原址可充作女子中学校址之用，不必另起炉灶，同时职教员可在男女中两部兼任，

1923年张伯苓与部分请求设立女中的学生在一起。

如此经费所用无多……。上书投递后逾两三星期左右，张伯苓校长回信，要我们派代表于某日（日子记不清）去南开中学校长室会面。即公推王毅蘅、陈学荣和我三个人为代表。我们三人按着指定的日期时间，去到南开中学。当我们三人走到南开中学栅栏门前时，由门内右侧传达室走出一位壮年，像似校役的样子，我们向他说明来意，他就引我们走进东楼里校长办公室。校役进去一会儿就出来向我们说："请进。"我们三人走进办公室内，看见办公桌前，坐着一位魁伟壮健，体格高大的长者，抬头看见我们三个小孩子进来，即刻站起来，满面和蔼慈祥，而诚恳亲切地用手指着旁边的几个椅子对我们说："好——好——你们坐下谈。"我们三人都坐下了。他老人家又坐回原来的椅子上，便开口先问我们说："我看见你们给我的信，你们有这种勇气，我很高兴！我一定答应你们办女子中学。不过大学部的原址，另有用途，我一定想别的方法就是了。"说到这里稍停，又接着说："你们有什么意见只管说。"我们三人彼此看了一下，异口同声地说：

"谢谢张校长！我们希望您早愈好。什么时候开始招生，我们就来报考。"伯苓
校长哈哈大笑，用诙谐的口吻说："你们几位要捷足先登，做女中部的开国元
勋？"紧接着问我们三人："现在在什么学校读书？"又一个一个问我们的姓名。
我们各自回答完毕之后，就充满了愉快的心情，站立起来，向着这位和蔼可亲的
长者，一同深深一鞠躬，离开校长办公室走了。[1]

其实，张伯苓在接待这些女生代表前几天，已经在董事会上提出了成立
女子中学的具体计划，拟先招一年级两个班，每班60人；办学经费先由男中

南开女子中学成立。

[1] 王文田等：《张伯苓与南开》，台湾传记文学出版社1968年版，第24~26页。

借出1000元，由华午晴捐助200元，而他本人则节省其母丧葬费1000多元，一并用作创办费；校址暂用南开中学校外的第二宿舍。董事会同意了张伯苓的计划，议决"现行成立"。

1923年秋季，张伯苓在全市招收78名女生，开办初一、初二两班，女中正式成立，并定名为南开女子中学。接着，张伯苓又花费3.7万元，为女中起建一所新的校舍。新校舍落成典礼于1926年10月17日隆重举行，全校师生及黎元洪、靳云鹏、言仲远等社会名流出席，一时冠裳济济，场面热烈，大振女子教育之风。

南开女子中学是一所符合社会期望的高水准学校。学校的教学和管理与南开中学统一进行，主要教职员均由南开中学的教职员兼任，不少课程如政治、经济、商法等与南中合上，理化试验室与南中合用，这使南开女中的教学和管理从建校伊始就达到了一个较高的水平，而修身课、讲演会、运动会以及反帝爱国活动等，也多是男女学生共同参加。南开女中不仅有南开的共同特点 —— 机构精简，人员精干；师资阵容强大，教学严谨，倡导德、智、体三育并进；教学效果好，教育质量高；强调联系社会实际等 —— 而且针对女子教育的实际情况，强调民主、自治、开放。学校竭力赞助和支持学生的课外组织和集体活动，广泛开展学术、摄影、讲演、书画、演剧、歌咏、舞蹈、缝纫、刺绣等训练，梁启超的女儿梁思懿在南开女中曾开办理发室，贴出海报，为同班或外班同学义务理发，颇受欢迎。女中也举行各种比赛，举办各种展览，编印出版班刊校刊，发表学生作文之外的文学作品。学校还为女生们提供了解社会的机会，后来成为著名作家的韦君宜（魏蓁一）回忆说：

张伯苓不主张完全把学生关在教室里学习，他给学生深入社会提供机会和方便，并加以鼓励。那时我们经常到纱厂、农村甚至监狱去参观。十六岁的时

女中学生在上课。

候到西广开办"民众学校",当老师,叫那些没有钱上学的孩子们学文化,十八岁到北京门头沟下矿井,由此而知道,穷人过的是什么日子,工人是什么样儿,这对自己思想转变,走上革命道路,起了很重要的作用。南开的教学方法是有独到之处的,能大胆革新。语文按文学史讲,像讲给大学中文系学生一样。从《诗经》讲起,然后教《楚辞》,再讲汉赋,每讲完一单元后,写一篇文章,或写论文,或将其中一篇改写成散文。老师就这样讲,我们也能接受。数学、理化、生物则强调直观,做实验。张伯苓买到许多设备、仪器,两人一组,这样好的条件,别的学校不能相比。[1]

---

[1] 梁吉生:《张伯苓与南开大学》,山西教育出版社1995年版,第172页。

大学校长拿中学校长的工资

南开刚成立的几年，张伯苓既做校长又当教师，他的薪酬标准是由严修定的，仍照严馆的通例，分年节、中秋节发给。学校由严宅迁到南开洼新校园后，学生人数每年增加，校务日趋忙碌，严修决定给张伯苓加薪。1907年4月严修在一封家书中写道："私立第一中学迁居以后，气象一新，事务较前益觉繁重，而张师束脩并未增加，殊觉不安。应自本年正月起，每月按百五十元致送。此所加廉而又廉，仰体张师之意应不致再谦让也。"[1] 张伯苓得知加薪事后，即刻致函严修辞谢，严修深为感动，说："张师力辞加薪，一则为学堂款未充足，又因同人均未议加，不肯独异，为全局规画，不惜自苦，为此可敬也。"[2] 1908年

身为大学校长的张伯苓，一身浅色长衫，外罩深色对襟短袄，这是他长年的标志性装束。

[1] 梁吉生撰著：《张伯苓年谱长编》（上卷），人民教育出版社2009年版，第60页。
[2] 梁吉生撰著：《张伯苓年谱长编》（上卷），人民教育出版社2009年版，第60页。

8月张伯苓出席美国国际渔业博览会前，严修拍板决定："张师每月用度即照百二十元之数，按月致送。"[1]

120元的工资，多年张伯苓都没要求动过。1911年武昌起义爆发，革命潮流波及天津，学生纷纷离校，南开中学堂一时陷于停顿，原来王馆东家王益孙给学校的捐款停止，各项公款也因故不能照领，学校经费顿感困难。张伯苓决定，他和所有教师停支薪俸，会计只发半薪，工友数人照给工食。到了学期末，情况未见好转，只好给教职员分送些车马费以作酬劳。

南开大学成立后，张伯苓身兼中学校长、大学校长二职，中学一时物色不到主任，他也代理起来。校长工资低、任务重的情况被提到了校董会议上，董事们一致赞成："校长薪金太廉，应由大学部月出津贴加入十一年（1922）预算。"[2]很长时间，张伯苓的工资收入就这么个状况：原来拿的中学校长工资，加上南开大学每月给的津贴，合起来不过200元出头而已。

其实，南开教师的工资一般都比张伯苓优厚。1924年，南开大学评议会议决教师薪金标准为：正教授月薪240~330元，副教授160~240元，助教60~150元。南开中学教师的待遇也不低，1922年老舍刚到学校任国文教员，每月薪金50银元。当时在北京，五六十块银元就可以让四口之家维持一个月的生活。老舍后来回忆："我去找了个教书的地方，一个月挣五十块钱。可是我很快活，我又摸着了书本，一天到晚接触的都是可爱的学生们。"[3]南开请的外籍教师工资更高。1929年，张伯苓请哥伦比亚大学博士阮芝仪来小学做实验导师，从事设计教学法的实验，每月报酬中华银币370元，来往美国路费尚不在内。南开是私立学校，经费比不上国立大学，但在聘请优秀教师上，张伯苓舍得出高价。1987年3月24日台湾《民众时报》刊登了一篇

---

[1] 梁吉生撰著：《张伯苓年谱长编》（上卷），人民教育出版社2009年版，第72页。
[2] 南开大学校董会纪录，南开大学档案馆档案。
[3] 老舍：《老舍自传》，江苏文艺出版社1995年版，第32页。

题为《真正"教授治校"自中正大学始》的社论, 其中讲到张伯苓聘教师的故事, 说张伯苓只要得悉某一位老师教得好, 或者研究有成就, 就亲自前往邀聘, 一见面就开门见山地说: 你在这儿一个月拿多少钱? 到我们学校为你加若干, 并付给你一家到我们学校的搬家旅费, 即使你将来不再在南开教书, 要到他校的搬家费, 仍由我们致送。

张伯苓的确很在意教师的待遇。每年5月1日是发下半年聘书之期, 他对于教授去留与增薪等问题, "须与各位先生单独谈话, 小心从事决定"[1]。

张伯苓并不是一个家境富裕的校长, 全家六口人就靠着他一个人挣钱养家糊口。他有四个儿子, 吃饭、穿衣、上学样样要钱。三儿子患肺病, 要治疗, 要增加营养; 大儿子在美国留学, 需要不小的开销; 他的小儿子是他最疼爱的, 长得高大, 喜欢踢足球, 那年头, 买一双足球鞋可不是一点小钱, 张伯苓舍不得按时给他换新球鞋, 所以这孩子每年常有几个月穿着露脚趾头的鞋子上学。张伯苓曾多年担任比利时人开设的电车公司董事, 公司每月致送车马费, 他用这钱除补贴家用外, 还送给南开老职员。他常说, 他们责任重, 忠于职守, 而工资低, 家境不宽裕, 我要这钱没用, 应该送他们。

张伯苓办学公私极分明。除非绝对是学校公事, 才由学校出账外, 个人外出花费一律记在自己账上, 到时由学校财务部门从薪金中扣除, 可谓清廉之极。即便是为学校办事, 他也是能省就省, 从不讲排场。有人回忆说, 张伯苓去北京, 常常坐普通车厢, 常常住前门外施家胡同的一家小旅馆。那里的住宿费便宜, 每天一块钱, 因此条件就说不上档次了。最让张伯苓忍受不了的, 一是臭虫多, 二是茶水太次, 所以, 他每次住到这个旅馆必带两样东西: 一盒臭虫粉, 一包茶叶。一次一名日本记者在火车上遇到张伯苓。这个日本记者叫松本重治, 担任日本新闻联合社上海分社社长, 他从天津去北京, 自然是

---

[1]梁吉生、张兰普主编:《张伯苓私档全宗》(上卷), 中国档案出版社2009年版, 第393页。

坐一等车厢。他无意中看到坐在二等车厢的张伯苓，令他惊诧莫名，心里想：我这样的人坐一等车厢，而堪称当代一流人物的张先生却只能坐二等车厢，这究竟是怎么一回事？[1]

当时，不少达官富人的子弟都想进南开这样的学校，社会上更有"得入南开，便可放心"之说。因此，动脑筋、想辙子给张伯苓送礼的大有人在。可是张伯苓洗手奉职，纤尘不染。他常说："社会可以有贪污；学校不可以有贪污"，"社会可以有市侩，学校不可以有市侩"。张伯苓行得正，坐得端，绝不玷污学校这一神圣殿堂的牌子，从不亵渎办学者坚贞清亮的名誉。

1931年5月，甘肃全省禁烟善后总局王藻虞派人陪护其儿子和女婿来天津，想入南开，并给张伯苓邮寄来珍贵的"皮角"作为见面礼物。张伯苓接待安置了来人，但对于礼品，却回函婉拒，谓："令郎及令婿到津时已及五月底，正值敝校筹备大考，结束功课，势难再收插班。兼之校内因学生发生猩红热症，恐或多致传染，悉令学生移出，停课二星期。当此之时，尤未便请令郎搬入。现令郎等已由津转赴北平暂住，补习功课。武泽民先生转去南京，据云由南归来，将令郎等安置敝校再行返甘。蒙惠皮角，极感！业由邮局取来。既承厚意，礼应敬谨拜受。不过收受后再将令郎等考取，虽无情弊，在他学生闻知，恐即不免猜疑，实属多有不便，兹谨璧谢，烦武先生带回。"

张伯苓这样要求自己，也这样要求教职员工。他说："正人者，必先正己。要教育学生，必先教育自己。"他还用孔子"其身正，不令而行；其身不正，虽令不从"的话，说明身教重于言教的道理，号召教师"必时时自警"，"自己监督自己"，成为学生的表率。他常常深入学生中征求其对教师的意见，了

---

[1]〔日〕松本重治著，曹重威、沈中琦等译：《上海时代》，上海书店出版社2005年版，第126页。

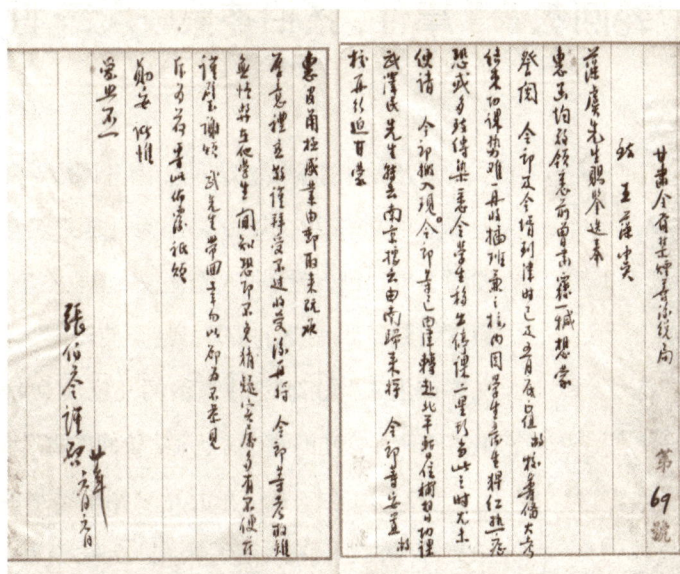

张伯苓致函王藻虞，言辞委婉而态度坚决。

解教师的言行，对不能以身作则影响教师形象者，及时给予教育和处理。1942年春，张伯苓应邀出席重庆南开中学学生刊物《曦报》的一个座谈会，借机询问学生对通过报纸公开招聘来的教师的意见。一位同学信口答道：有的好，有的不好。说者无心，听者有意。座谈会结束后，张伯苓即让学校管理人员调查情况，经了解核实，确有一位招聘来的老师向同学借钱，并趁检查学生储物柜时，顺手拿了学生的物品。后经学校教育，这位老师辞职离开了学校。

"公生明，廉生威。"学校领导者的公正清廉、以身作则，必然有利于形成良好的制度文化，产生意想不到的管理效益，提高学校的美誉度。

"轮回教育"事件，张伯苓第一次辞职

南开大学刚刚成立五年，南开园发生了一件不大不小的事。说它不大，是因为只是一名学生在学校的学生刊物上发表了一篇短文；说它不小，则是因为它引起了张伯苓的辞职，甚至使得梁启超、丁文江等都出来"救驾"，津京沪的几家英文报纸也出来凑热闹，推波助澜。这就是"轮回教育"事件。

1924年11月，一位东北籍名叫宁恩承的学生以"笑萍"的笔名在《南大周刊》上发表了一篇题为《轮回教育》的文章。该文认为，中国的教育实际上是按着两个圈子转来转去。一个圈子是自中学到大学，自大学再转到中学去，即中学毕业考大学，大学毕业到中学去当教员，教中学生念英文，学算学，预备升大学，考上大学毕业了，又去中学当教员。如此循环不已，一代一代都当教员。另一个圈子是高一等的圈子，即大学毕业，留学，留学回国，当大学教员，教学生出国留学，如此循环。该文这样描述这个圈子：

大学毕业后"先到美国去，在美国混上二三年、三四年，得到一个什么BE，MA，D等，于是架上一架洋服，抱着两本Note Book回家来，做一个大学教

《轮回教育》一文的作者宁恩承。

员。不管他是真正博士也好，骗来的博士也好，'草包'博士也好，上班捧着他自外国带来的Notes一念。不管它是是非非，就A、B、C、D地念下去。一班听讲的学生，也傻呆呆的不管生熟软硬就记下来，好预备将来再念给别人。英文好一点的教员，就大嘹特嘹，一若真是学贯中西一般。学生们因他是说外国话的中国人，也只好忍气吞声受他嘹。至于英文糟的留学生，也勉强说英文，老说那In the first place, However, There fore，一天到晚老是这一套，真令人作三日呕。他们唯一的武器，他们唯一的饭碗，就是Notes和Solution。一个人曾和我说，他的教员有一个大本，这大本就是他的武器。假若有人将他这大本偷去，他必放声大哭，收拾行李不干了。这话虽然说的过苛，但是也可见一斑了。

这些教员所讲的，内容多是些美国政治、美国经济、美国商业，美国……，美国……，美国……，他们赞美美国和冬烘先生颂扬尧舜汤一般。一班学生也任他"姑妄言之"，我们'姑妄听之'。一年、二年，直到四年，毕业了，毕业后也到美国去，混个什么M，什么D，回来依样葫芦，再嘹后来的学生。后来的学生再出洋按方配药。这样循环下去，传之无穷，是一种高一级的轮回。这一种轮回与前一种不同的地方，就是大学毕业生教中学，是半中半英的欺哄法。留学生所用的欺哄法是完全美国法，完全用外国话来嘹。这样转来转去，老是循着这两个圈子转，有什么意思？学问吗？什么叫做学问？救国吗？就是这样便算救国吗？

该文结尾尖锐地提出："最后我们要问，我们能不能逃出这个轮回呢？果如佛家的轮回，人人不能逃吗？再重说一遍，'轮回教育'能救国呢？"[1]

《轮回教育》所刊登的《南大周刊》，是由南开大学学生会主办的。学生们赞成文章的观点。那时《南大周刊》起着校刊的作用，发行面很广，师生都会阅览。不知是哪位教授看到了《轮回教育》一文，便很快传扬开来，一些教

---

[1]《南大周刊》第8期，1924年11月28日。

师特别是有美国留学背景的教师, 如哥伦比亚大学博士蒋廷黻、哈佛大学博士李济等, 很觉得脸上挂不住。于是他们立即召开临时会议, 议决致函校长, 要求张伯苓调查此类不满之言论, 举发作者, 若果出于多数学生之意见, 彼等即引咎辞职。结果, 学生观点鲜明, 表示 "一切言论均由全体学生负责"。师生双方对立, 酿成风潮, 以致社会舆论沸沸扬扬。张伯苓一时无法调处情绪激动的双方, 即以退为进, 于12月29日提出辞职。

12月31日, 学校董事会范源濂、丁文江、严慈约、卞俶成、李琴襄等立即在范宅召开会议, 一方面, 董事会致函挽留张伯苓, "所有辞职一层万难承认", 一方面又请丁文江出面调解。丁文江把作者宁恩承唤到家中商谈解决办法, 希望作者主动出面认错平息风潮, 又与学生会接触, 梁启超也出来打圆场, 但均无结果。1925年1月8日, 学校董事会发布布告: "本校大学部不得已暂行停课, 诸生应即一律归家, 容俟筹定办法再行通告。"不

南开大学学生在上课。

久,学生方面顾全大局,向张伯苓及教师声明道歉。16日风潮结束,张伯苓到校办公。

《轮回教育》表面看来是学生对教学内容提出的个人批评,实质上,它击中的是中国教育的根本问题,也是中国文化与外来文化融汇、碰撞过程中带有倾向性的问题。与《轮回教育》同年发表在《南大周刊》的一篇题为《南大学生现实生活之箴评与改造》的文章,从另一个角度反映了当时的大学教育和文化存在的问题。文章写道:

中国学问不独立,影响于我们读书生活。我们学生为什么和中国书的缘分这样浅呢?真是我们丧心病狂吗?不是,我们也有我们说不出的苦。看一点钟的中国书,可以看完五十、六十篇,并且还能够明白清楚。外国书一点钟不过十篇二十篇,有的时候还是模模糊糊。拼命的看外国书,还恐怕时候不够,哪里能和中国书亲近?中国学问不是没有独立吗?在他人文字底下求学问,我们只好忍气吞声。试扪心自问,有几个人不是愁着眉、鼓着嘴去念外国书?这个问题从小处看,是我们南大学生读书生活中一个要紧的问题;从大处看,简直是我们中国文化上的大问题。[1]

青年学生严肃地强调,中国教育不要机械地照搬欧美,而应当走中国化的道路,中国文化在外来文化面前应保持独立的品格,清醒地吸收世界文化的精华。

"轮回教育"事件虽然过去了,但它对张伯苓的触动是很深刻的,它对张伯苓的教育理念和办学思想提出了质疑。1925年这一年中,张伯苓开始在教育教学上适应学生的要求而进行一些小的改革:(1)4月,亲自主持教务

[1]《南大周刊(学生生活号)》第5期,1924年5月20日。

会议，接纳南开大学80余名同学的建议，除英语外，所有课程改为用国语讲授。（2）以四五天的时间借驻清华学校，组织本校行政各部门负责人召开读书研讨会，"讨论的根本问题是如何产生中国特色的教育"。[1]（3）召开南开大学商科谈话会，听取商科教授和学生的意见。（4）制定师生合作具体办法。（5）减轻中学课程分量，为学生求得课本之外的知识创造条件。（6）研究"大学理科与中国科学之关系及科学事业之将来"，强调明确南开大学教育目的的重要性，"南开大学能造出一班有组织能力之人，以发达中国的实业，而谋国家的富强"。[2]

张伯苓还在思考更大的教育改革。

与陶行知切磋学、行

陶行知是张伯苓的好朋友，两个人都是杜威的学生，但在美国并未谋面。1917年陶行知前脚离开哥伦比亚大学，张伯苓后脚踏进哥伦比亚大学。他们是回国以后，在北京组织实际教育调查社及不久改组中华教育改进社的过程中逐渐熟络起来的。1923年1月，陶行知到南开大学演讲《大学教育的二要素》，以后便频繁光临南开。陶、张二人在对杜威学说的理解上并不完全相同，于是便有了后来一次观点上的温和交锋。

1925年10月，陶行知来南开，作了一系列的演讲，其中曾为南开中学教职员讲《教学合一》。陶行知在分析教学应当合一的理由时说：（1）先生的责任

---

[1]《南开周刊》第1卷第14号，1925年12月14日。

[2] 王文俊、梁吉生等编：《张伯苓教育言论选集》，南开大学出版社1984年版，第147页。

在教学，在教学生学；（2）教的法子必须根据于学的法子；（3）先生不只是教学生学，并且同时自己也要学。当时主持讲演会的张伯苓听了陶行知所讲的观点后，当即发表意见："我对于陶先生的第一个理由有些补充，就是先生之责任不在教，而在教学生学，更要教学生行。""如果师生间终日贩卖知识，那么教学会有多大成绩可观呢？"陶行知听了以后受到启发："于是豁然贯通，直称为教学做合一。"

　　为了进一步说明"行"的含意，同年12月17日，张伯苓在南开高中周会发表了题为《学行合一》的演讲。他首先从上次陶行知的《教学合一》演讲说起，指出：以前传统教育的那种"教书"、"教学生"固然不对，但是"教学生学"就能说是已经尽了教之能事了吗？这个，据我看还是不够，应该再进一步，教学生行。最低限度"也应当'学'、'行'并重，不可偏废"。那么，什么是"行"，怎么"行"呢？是不是学了课本上的知识，教学生实地练习一下就叫做"行"呢？张伯苓十分明确地表示："这个，并不是我所谓的'行'，也不是古人所谓的'行'。我所谓的'行'是行为道德。""简言之，就是行做人之

张伯苓亲身实验，教导学生"合则力强，分则力弱"的道理。

道。"[1]张伯苓在演讲中，还痛诋只重物质，不重道德的社会风尚，要求对这种错误，"应极力矫正"。张伯苓与陶行知有关学行观的切磋，是他对中国教育生命力的呼唤。张伯苓以他对教育的敏锐，当然知道在那物欲横流的年代，让做教育的人和学生注重行为道德有着多大的难度。

道德教育，是学校教育的永恒主题，是青少年做人和成才的基础工程。张伯苓从世纪交替的背景出发，把道德提到培养人的支配地位，视为学校教育的中心工作，强调"教育范围，绝不可限于书本教育、知识教育，而应特别注重于人格教育、道德教育"，明确提出"以德育为万事之本"。

在张伯苓的眼中，学生的行为道德主要是两个方面，一是个人私德，一是社会公德。一个人的品德和习惯是一个人做人的基础，南开要求学生在饮酒、赌博、冶游（嫖妓）、吸烟、早婚等方面"力矫此敝"，要养成良好的卫生习惯，交往处世要诚实守信、举止得体、说话和气、待人礼貌，即所谓健康人格，或者如张伯苓说的，要"人格高尚"。

他们并不希望学生循规蹈矩、谨小慎微，也不希望学生仍然囿于过去的"修身"自好，而是要有自治、独立的思想，自由、探索的精神，创新的勇气等等。

道德修养，重在实行。张伯苓曾经给蜀光中学毕业生题词："好学力行知耻"。这六个字不仅是青年学生应有的价值观，实际上也是张伯苓的道德教育观。在道德教育上，张伯苓强调重在实践，坚持知行统一，反对夸夸其谈。他说，先时道德教育，多尚空谈，殊觉无用，若无实践，恐且有害。他以某学堂教人游泳作比喻说：一教授教人泅泳，方法、理论说得头头是道，学生毕业后投身水中，实行泅泳，竟至溺死，"仅知理论而无实验之害，诚足警人"。他要求任教者在"训练学生之时，应少说空话，多做实事"；要求学生"勿仅求理论，更当于己身所在之社会，实在有所效用"。所谓"己身所在之

---

[1] 王文俊、梁吉生等编：《张伯苓教育言论选集》，南开大学出版社1984年版，第151页。

好學力行
知恥
張伯苓題

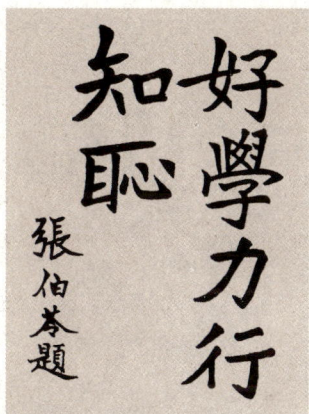

张伯苓为四川自贡
蜀光中学学生题词。

社会"，一为班级、社团组织、学校的小社会，一为走出学校的大社会。青少年学生要把道德标准"用为量人量己之尺"，先在小社会中实实在在地做起，收到良好效果。如此相染成风，使社会上渐渐均用此尺。他认为，这样整个社会就会有所进步。

张伯苓注重感化，强调尊重学生。重要的是教育，是训示，是引导，是纠正；不是管束，不是压制，不是制裁。1929年10月编制的《天津南开学校中学部一览》中明文规定，在人格教育感化中要做到：注意诱导，避免命令形式；侧重指导和预防，而轻惩罚；提倡积极活动，少做消极禁止；多拟具体可行的计划，少谈抽象理论；鼓励创新思想，戒做"抄袭"文章；与学生谈话时声音要亲切，态度必须诚恳而坚决。张伯苓主张应根据学生的发育特点，对他们因势利导。他说道："中学时之学生，正在发展集合性及做事心之际，所以多好动。教育家当于此时因势而利导之，为之作种种预备。若竟图省事，则此时少年丢去许多长进的机会。"[1] 他还说："南开的教育宗旨是使学生'自

---

[1] 王文俊、梁吉生等编：《张伯苓教育言论选集》，南开大学出版社1984年版，第71页。

南开师生在北京西山进行社会调查时合影。

觉'、'自动'、自负责任，以求上进。"[1]

社会公德是人们立身社会的基本前提，是处理人际关系的准则。张伯苓批评中国社会素重私德而疏于公德，赞扬欧美公德与私德并重的做法。张伯苓认为，其一，公德最基本的是"爱国爱群"，即热爱祖国，爱护团体，有为公牺牲的精神。这是大公，唯"公"即能化私、化散。他说，要明确公私的概念。有一班人对于公私在道德上的评价，道理上明白，但具体问题上却常做损及公众的事，譬如在公共集会场所任意妨害别人观听，却视为故常而不经意，对于这种人都要进行公私概念的具体教育。其二，要从小节抓起。有些人视损公利己等事为小节，以为小有出入，不伤大体，而不知大恶乃由许多小过积累而成。起初对于小过不加检点，久之习惯养成，便公然作恶而不以为非了，要引导这种人从小事做起，严格要求自己，"勿以善小而不为，勿以恶小而为

---

[1] 王文俊、梁吉生等编：《张伯苓教育言论选集》，南开大学出版社1984年版，第180页。

之"。其三，"社会道德之养成，在消极方面需要有一种有力的制裁，在积极方面尤需有一种善良的成绩作为榜样"。所谓"制裁"，即是社会舆论，以使个人营私利己的行为有所顾忌，而那些抱独善其身主义的"自了汉"，也不再拿"休管他人瓦上霜"的处世哲学对待有损社会公德者。积极的办法自然是树立社会公德的榜样，使人有所楷范。

张伯苓强调，要在社会实践中培养学生的公德心。南开中学、女中、大学都设有社会视察课，有目的地让学生深入社会了解社会现象，了解社会管理；组织学生开展赈济、救灾，慰问前线士兵，扶助难民和病孤，使他们焕发社会良知和社会同情心，树立公民观念、规则意识，体认社会秩序所需要的道德价值，进而追寻一种社会和谐和具有良善的美好价值的生活。

"知中国，服务中国"

"轮回教育"事件过后，张伯苓对西方教育模式不适合中国国情所进行的反省，并没有停留在1925年一些枝节性的改革上，他要对南开大学的教育方针作一全盘的思考，并重新定位。这直接导致了"以解决中国问题为教育目标"的《南开大学发展方案》的出台。该方案指出：

已往大学之教育，大半"洋货"也。学制来自西洋，教授多数系西洋留学生，教科书非洋文原本即英文译本，最优者亦不过参合数洋文书而编辑之土造洋货。大学学术恒以西洋社会为背景，全校精神几以解决西洋问题为目标。就社会科学论之，此中弊端，可不言而知。社会科学，根本必以其具体社会为背景，无所谓古今中外通用之原则。倘以纯粹洋货的社会科学为中国大学之教材，无

20世纪20年代锐意
进取的张伯苓。

心求学者，徒奉行故事，凑积学分，图毕业而已；有心求学者，则往往为抽象的主义或原则所迷，而置中国之历史与社会于不顾。自然科学稍异，然亦不能谓洋货均能适用，更不宜谓中国应永久仰给于洋货。地理、地质、气候、生物诸学，无不对环境而言。中国人在利用中国之天然环境，非有土产的科学不为功。此就科学之实用而言，但实用科学倘无锐进的理论科学为后盾，其结果不异堵源而求流。且今日国人思想之急需，莫过于科学精神与方法，故吾人可断言：中国大学教育目前之要务即"土货化"。吾人更可断定，"土货化"必须从学术之独立入手。是故"土货化"者，非所谓东方精神文化，乃关于中国问题之科学知识，乃至中国问题之科学人才。吾人为新南开所抱定之志愿，不外"知中国"、"服务中国"二语。吾人所谓"土货化"南开，即以中国历史、中国社会为学术背景，以解决中国问题为教育目标的大学。[1]

---

[1] 王文俊、梁吉生等选编：《南开大学校史资料选（1919～1949）》，南开大学出版社1989年版，第38～39页。

　　《南开大学发展方案》一针见血地指出了中国大学教育照搬西方的弊端，从社会科学和自然科学两个方面犀利地论述了置中国历史与社会于不顾，凡事以解决西洋问题为目标的危害，指出中国大学教育之要务，是"关于中国问题之科学知识，乃至中国问题之科学人才"，鲜明地回答了什么是南开大学正确的教育目标，如何实现这个教育目标的问题，第一次给南开大学确立了一个完整、科学的坐标。这是张伯苓历经近十年的大学教育实践，将西方现代大学理论与中国社会实际相结合的教育思想创新，指出了中国大学教育的正确发展方向。

　　《南开大学发展方案》是宣言书，褐橥了南开大学抱定的志愿是"知中国"、"服务中国"。所谓"知中国"，即了解中国、熟悉中国的历史和现状，从时代和世界的角度来衡量中国所处的地位和水平。"知中国"是"服务中国"的前提和条件，没有对中国的深刻而透彻的认知，就不可能很好地为中国服

南开大学学生在山东济南、泰安地区农村实地调查。

务。"服务中国"即解决中国问题,而中国问题如恒河沙数,其关键在于发展生产,建立富强独立的国家。归根到底,解决中国问题要靠科学,靠人才,即建立适应中国经济社会发展需要的科学知识体系,培养通晓中国问题、愿为中国独立富强献身的科学人才。《南开大学发展方案》从解决中国问题的高度,提出了大学教育的根本任务——"中国大学目前之要务即'土货化'"。

《南开大学发展方案》提出的"土货化",即中国大学教育的中国化,这也是一种民族情绪与民族尊严的表达。中国化的动力并不是仅仅来自以张伯苓为代表的南开派知识精英,它的根本动力是来自中华文化的主体性,来自近代知识分子对积弱积贫国家现状的救赎情结,来自中国大学在面对中国问题时往往陷于失语和无能为力的深刻反思。

在历史发展进程中总会有人出来破题。中国大学教育"土货化"问题的提出可视为一种启示。

"关注日本之野心"——东北研究会的成立

南开大学是一所私立学校,而且是一所规模不大的大学,它的学术研究都是从"知中国"、"服务中国"总目标出发而对中国文化、经济和社会实际问题进行的研究,这是南开的特点,也是它应有的自知之明。

南开大学研究东北问题的直接诱因,源自张伯苓的一次东北之行。

1927年8月张伯苓主持第八届远东运动会后,从上海乘船到东北,所经之地亲眼目睹"日人经营满蒙之精进与野心",受到很大震动。他感叹:"不到东北,不知中国之大;不到东北,不知中国之险。"他认为,面对日本在东北的现实状况,国人要有警醒,而要有效阻遏,就要首先搞清楚日本经营东北的内幕。于是，张伯苓在回校后，立即成立了满蒙研究会（不久改称东北研究会）。该会设视察部和研究部。视察部主要负责了解日本国情及其在我国东北的侵略经营情况，开展各种宣传教育活动；研究部主要负责收集整理研究资料，分组分门进行学术研究工作。研究会的研究内容包括：东北铁路系统及海港之研究，如东省铁路之运行政策，南满铁路公司状况等；东北移民之研究及其运动；金州（金县）境内我国人民之教育问题；以满铁为中心的国际外交问题；吉会铁路问题；我国所有研究东北问题诸团体之沿革及其现状等。研究东北问题，南开有思想基础和群众基础，无论在校或者离校的东北籍学生都愿为这项工作出力。研究会首先开展的工作是去东北实地考察。该会成立不久，张伯苓即派蒋廷黻、萧遽（叔玉）、何廉、张彭春、李继侗、傅恩龄等教授去东北考察，后来又组织"暑期东北考察团"，由教师、学生多人组成，赴东北调查研究。

1928年4月，张伯苓偕东北研究会主任傅恩龄亲赴东北调查收集资料。8日由津抵大连，12日赴奉天（沈阳），16日赴海龙，次日归奉旋赴安东（丹东），20日由安归奉即赴长春，22日由长春赴吉林，26日沿敦延线视察，28日由吉林启程经长春往哈尔滨，5月2日赴呼海路沿线至康金井。在一个月的时间里，张伯苓等深入各地考察了解情况，并访问了东省铁路局经济调查局、东省铁路局《经济月刊》编辑部、哈尔滨特别区行政公署、东省铁路公司、东省特区教育厅、东省铁路监理会、呼海铁路工程局、滨江县公署、吉林省立第六中学、东北造船所、东省特别区路警处等部门，与各方面人士座谈，获得了大量第一手材料。蒋廷黻对这次考察有详细回忆。他说，他们到达松花江畔的吉林，在日本压迫下那里正修建一条铁路，他们向测量工程人员了解情况，"有人小声告诉我日本的阴谋计划。那里有恐吓，也有仇恨"。[1]

---

[1] 蒋廷黻：《蒋廷黻回忆录》，岳麓书社2003年版，第118页。

东北研究会成员在黑龙江省考察，受到热烈欢迎。中间穿浅色长袍者为张彭春。

    东北研究会根据调查研究材料，先后写出《东北经济资源与发展》的研究报告、《Manchuria（满洲）》和《东北地理教本》等著作。在"九一八"事变后不久，南开中学又开出由傅恩龄主讲的"东北地理"课。曾在南开中学就读，后成为美国艺术及科学院院士的何炳棣以其历史学家的严谨，在考察了中外众多中学的情况后称，《东北地理教本》"无疑是当时国内有关东北地理有限著作之中最好的一部"，"这个纪录，可以向近代世界各国所有的中学挑战"。[1]

    东北研究会还与太平洋国际学会、反帝国主义同盟密切联系，提供研究报告，或"搜集日本侵略中国之铁证"。张伯苓与何廉出席1929年在日本召开的太平洋国际学会第三次年会时，几次与日本代表就东北问题发生尖锐论争。日本

[1]何炳棣：《一个可以向全世界挑战的纪录》，《天津文史资料选辑》第8辑，1980年。

对东北研究会非常"嫉视"。日本东方通讯社的《京津日日新闻》等报,诬蔑东北研究会"乃受'赤化'影响","且谓南开为排日之根据地"。[1]张伯苓不怕日人谤词诽语的攻击。他向日本驻津总领事加藤、副领事冈本、白井及司法理事佐藤提出抗议,在校刊上开辟"东北研究"专栏,出版"日本问题专号",并举办日本问题展览会,向社会开放,揭露日本侵略东北的野心与罪行。

南开对东北问题的研究,受到国际学术组织重视,得到各界人士的积极支持。张学良亲自担任该会名誉董事,并捐500元银元作为该会经费。马相伯、蔡元培也联名致函张伯苓,指出"研究日本问题与东北现状倍为重要",邀请张伯苓指导编辑日本与东北问题丛书。张伯苓还在不少与东北有关的团体,如北平东北外交研究委员会、国难会议、战区救济委员会、东北热辽后援协进会等兼任职务,一方面为这些组织提供已有的研究成果,为抵抗日本侵略服务;另一方面,也可从这些团体中了解相关情况,收集相关材料,为进一步研究东北问题提供帮助。

成立经济研究所与应用化学研究所

经济研究所,是何廉领导的教学与研究相结合的学术研究机构。何廉是耶鲁大学的博士,1926年回国前,岭南大学曾以月薪300大洋聘他为商学院院长,可他经过权衡,最终就任了月薪180大洋的南开大学教授。当他到校长办公室去拜谒张伯苓时,立即被张伯苓仪表堂堂、高大魁梧的外表所吸引,他感到张伯苓神采奕奕,生气勃勃,从此他们二人的交往发展到十分密切的程

---

[1]《南大周刊》第48期,1927年12月14日。

度。何廉说:"张伯苓成了我工作的动力。"何廉向张伯苓建议在南开大学成立一个研究机构,主要是研究中国的社会、经济和工业问题。张伯苓从何廉的谈话中,立即感到这一研究机构的开创意义。他让校董会批准了何廉这个建议,从大学1927~1928年度预算中拨出现洋5000元作为经费,并任命何廉担任这个机构的主任导师,全面主持研究工作。

这个研究机构最初名为南开大学社会经济研究委员会,不久改称南开大学经济研究所。何廉以勤奋工作回报张伯苓的知遇之恩,他拿出自己从美国带回的英文打字机、数字统计仪,并用自己的薪金雇了研究助手,着手收集与中国经济有关的各种文字资料。张伯苓亲自写信给天津市商务委员会、天津中国银行及天津工商大学的法国校长等,拜托他们匀暇接待何廉的调研工作。经济研究所就这样坚实地迈出了最初步伐,而后它所开辟的是精进不懈的一路辉煌。

经济研究所从进行物价调查、编制物价指数,逐步发展到对一般社会问题的研究。经济研究所的经济统计资料是非常著名的。起初他们在《大公报》发表统计副刊专栏(后改为"每周统计",不久又改为"经济周刊"),"一时颇为轰动"。以后,他们出版年刊——《南开指数》,一直发行到1937年中日战争爆发,成为后来人们了解那一时期中国经济活动的重要资料。

经济研究所对中国农村经济的研究,开辟了中国经济学研究的新天地。他们深入天津静海、河北高阳、山东济宁等地,采取广泛调查与典型研究相结合的方法,深入农村和农户,查阅文献,会晤典型性人物,甚至与农民一起干活,收集到有关中国农村和农业经济的大量珍贵资料,作出了开拓性贡献,"其他研究组织团体的出现和发展,以及他们在方法与成果上的进步,都受南开所做工作的影响"。[1]

---

[1] 何廉著,朱佑慈等译:《何廉回忆录》,中国文史出版社1988年版,第80页。

1937年6月，张伯苓（左五）、何廉（左六）、方显廷（左七）等与经济研究所第一班毕业生。

南开经济研究所作为第一个有组织开展中国经济研究的中国私立机构，还与华北乡村复兴委员会一起参加了乡村复兴运动。张伯苓一直关心农村经济和农村教育的改革。早在1923年，他就与朱其慧（熊希龄的夫人）、晏阳初、陶行知、黄炎培等人一起推进平民教育活动，促成了中华平民教育促进会总会的成立，并当选执行董事。该会积极开展"除文盲、作新民"的平民教育运动。南开学生经常到晏阳初主持的"定县实验区"实习，在农村进行参观、调查、访问，南开教员陈序经等人还直接参加定县实验区的学术研究工作。20世纪30年代中期，为适应发展农村经济对人才的需求，南开大学与北平协和医学院、燕京大学、清华大学及金陵大学联合成立了一个名为"华北农村建设协进会"的组织。该组织的任务是促进对农村复兴的研究和培养这方面的研究生，每个合作单位都要贡献出具有在农村工作能力的人才。当时南开负责培养地方政府和财政、合作组织以及土地管理方面的人才。有关农业发展、卫生行政、农业工程机械、农村合作和乡村保健等方面人才,由其他合作单位分别训练。1935年,南开经济研究所开始招收研究生。研究生分为土地问题、乡村合作、地方政府与财政三个培养方向。他们课堂学习一年,以便从理论上和技术上受到专业性训练,然后到该协进会选定的山东济宁县实地实习工作半年,通过积极参加实地活动,获得实际的经验知识。最后,研究生要设计出实习县的工作方案,并形成论文。论文经研究所鉴定通过,该生即算完成研究生学业。

由何廉开创、后由耶鲁大学博士方显廷继任所长的南开大学经济研究所是民国时期最负盛名的学术研究机构之一,自1927年该所成立,迄今已历经八十余个春秋,却依然焕发出无穷的青春活力。

南开大学经济研究所的成功史,正可寻找到何廉、方显廷、陈序经、吴大业等一代经济学人沧海桑田的共同记忆与集体思维。

当时,与经济研究所花开并蒂的另一研究机构是南开大学应用化学研究所。该所是又一个体现张伯苓科学研究要紧密联系中国实际,服务经济和社会发展思想的典型。1932年研究所成立时,张伯苓在研究所取名上颇费了一番心思,把研究所称为应用化学研究所,就是为了突出"应用"。成立该所之动机为:"(一)扶助国内制造业,代为解决各种化学上之疑难问题;(二)研究外国重要制造事业之成法,使之如何移植于国内,以适于中国环境;(三)以工业上之实际工作训练大学毕业生,藉收在学校中所习之理论科课目,与实际经验互相联结之功效,并发展其智慧与才能,引入创造建设研究之途。"[1]全所分为化验、制造、咨询、研究四部。化验部"专代各界分析鉴定

---

[1] 张克忠:《应用化学研究所的设立与工作》,《南开大学半月刊》第15期第154号,1934年10月17日。

20世纪30年代的南开大学化学实验室。

各种工商物品"；制造部"以研究所得之新法,自行制造各种物品,其结果备我实业界之采用"；咨询部"专司解答各界关于化学工业上之困难问题",咨询项目凡关工商业秘密者,该所代守秘密,而一般咨询,则公开发布,"俾供社会各界之参考"。化验和咨询,采取有偿服务的方式,酌收费用。

　　该所所长是张克忠教授。张克忠于1919年与周恩来等一同入南开大学,后受南洋兄弟烟草公司资助,到美国麻省理工学院留学,获化学工程博士学位。他在研究精馏过程机理的博士论文中提出的研究方法,被国际学术界称为"张氏扩散定理"。研究所的另一主力张洪沅也是麻省理工学院化学工程博士,后来创办了四川大学应用化学研究室,两人在20世纪30年代同是国内化工权威。他们团结同人,坚持"教育与科研并重"、"研究与生产并重",注重实干,主要面向我国工商业实际,着重研究解决工业生产中的现实问题,不但急京津等地厂家之所急,而且接受远至包头、昆明厂家委托的研究项目；不但按合同规定准时提供研究样品,而且负责传授有关技术,深得厂家欢迎和赞许。该所还承揽化学工程项目的设计和安装业务,改变了外商包揽化学工程的局面。该所附设"南开化学工业社",以使本所科研成果社会化,并为化工系学生提供生产实习基地。工业社不以单纯营利为目的,而是"专门利用本所同人研究成果,从事于未注意制造之事业,俟有成绩,即可让渡于人"。[1]

南开大学应用化学研究所作为中国大学中最早设立的应用型研究机构,为振兴民族工业发挥了作用,也成为中国近代大学"产学研"相结合的一个雏形。

创建南开小学与新教学实验

其实,张伯苓创办小学的想法早就有了,一来是想完成南开的系列办学体系,特别是自20世纪20年代以来国民政府对小学教育日趋重视,几次进行小学教育改革,使他越发觉得教育非从小学做起不可;二来是想为南开教职员子女就近入学提供方便,解决他们的后顾之忧。但是,这几年校内校外的事让他不得清闲,百事丛集,如牛负重;加上北方形势不靖,兵祸时起,如1920年直皖战争,1922年第一次直奉战争,1924年第二次直奉战争,每一次战争学校都被殃及,因此张伯苓创办小学的愿望一直未能实现。但张伯苓常说字典里无难字,多少事情都得往前推着走,小学的事也不例外。1926年10月中旬,张伯苓的好友陶行知来南开。10月16日,陶行知给张伯苓写了一封

---

[1] 张克忠:《应用化学研究所的设立与工作》,《南开大学半月刊》第15期第154号,1934年10月17日。

张伯苓与华午晴、张彭春、孟琴襄等与南开小学学生在南开小学建筑工地。

信，更让张伯苓把办理小学之事记挂在了心中。这封信是陶行知与张伯苓关于建立小学的谈话："公以半生心血经营南开，中学、大学相继成立，皆别具精神，卓有可观。第髫龄稚子，犹未沾公时雨之化，不为无憾。此必已在夹袋计划之中，知行（陶行知原名知行）愿观厥成，故请兄速设小学及幼稚园，以慰同志之渴望。"张伯苓对朋友的好意催促"笑而不答"。为什么不答？关键是一个钱字。因为眼下刚刚落成的南开女中新校舍已经使学校亏空很大，再要立马兴建小学，岂能承受得了！陶行知也许知道张伯苓的难言之隐，于是开了个三年为期的时间表，陶说："倘先生有意于此，则25周年纪念时，我公欣然谈笑，听幼儿舞蹈，受幼儿庆祝，当别有一番乐趣也。"[1]

1927年春，张伯苓把建立南开小学的议题提交校董会讨论，并表明自己的立场："小学非待款项筹足，决不开办。"董事们一致同意他的意见。话虽如此，可是筹划小学之事一刻也没有停顿，募款有了进展，继著名土木工程

---

[1]陶行知：《劝南开大学开办小学——给张伯苓的信》，《陶行知全集》第8卷，四川教育出版社1991年版，第202页。

专家华南圭波兰籍夫人华露存捐助1000元后，又有人想以故后遗产捐办小学，为此，校董会在1928年3月的一次会议上做出决定：

(1) 开办时间：本年暑假后。

(2) 地址：暂用南开女中学部旧校址。

(3) 班次：暂招一、二年级两班。

(4) 创办费：华露存女士所捐1000元。

(5) 经常费：除学生学费外，由暑期学校余款拨捐1000元。

是年秋，南开小学正式成立。

建立什么样的小学？按照张伯苓的一贯思想当然要趋新，教学方法新颖。那个时候，正是克伯屈的设计教学法在中国风行之际，最先在小学倡导的是俞子夷，各地到他所在的南京高师附小参观学习的络绎不绝。设计教学法立足于儿童本位，以生活为旨归，根据学生兴趣和主张，从实际生活环境中提出学习目的，使学生的学习由被动变主动，由呆板接受到开发天资和自主性。实施设计教学法有一套规程。1927年春，克伯屈应中华教育改进社之邀来华访问，张伯苓特派大学部主任凌冰到上海迎接。4月18日，克伯屈一行乘"通州轮"到达塘沽，下午到达天津，下榻裕中饭店。张伯苓第二天在南开设午宴招待克伯屈夫妇。张伯苓与他的老师谈得最多的是设计教学法。21日下午，克伯屈在张伯苓等陪同下，在南开女中演讲《设计教学法实行难点》。22日下午，张伯苓等又陪克伯屈往天津工业专门学校讲演，晚上在基督教青年会讲《教育与文化》。张伯苓从克伯屈的演讲中强烈感受到世界教育的蓬勃发展之势，他在克伯屈讲完后致词说："时变日亟，吾人须急起直追，免为落伍。"天津《大公报》报道，张伯苓"辞令态度，颇动观听，众皆鼓掌"。[1]

张伯苓想在南开小学实施新的教学方法，但他不愿引用国内的"二手

---

[1] 1927年4月24日《大公报》。

货"，他要从他的老师克伯屈那里取经，贩取"原装货"。他请克伯屈从美国派得意弟子来南开亲传教学经典。克伯屈高兴地答应。

　　1928年末，张伯苓再作欧美教育考察，翌年2月18日，张伯苓自纽约函告天津南开同人：近日在哥伦比亚大学师院多次与克伯屈博士讨论教育问题，商定在南开小学从事设计教学法实验。这年新学年开始时，克伯屈的亲传弟子阮芝仪博士来到南开。1929年9月，从国外考察教育归来的张伯苓，在南开女中和南开小学的欢迎会上大谈小学教育："要改造中国人，新的国民则须由小孩教起。由小学实行新法教育。"[1]他还在当天南开男女中学、小学三部教员会上郑重介绍新聘的美国哥伦比亚大学师院毕业生阮芝

南开小学学生上体操课。

[1]1929年9月25日《益世报》。

仪博士任小学"实验教师"。

从事设计教学法的实验，打破孤立的分科教学体制，运用实际生活的材料，如怎样识别花草、饲养家禽等，让小学生获取知识，增加学习兴趣，这种教学方法很新鲜，符合儿童的心理特征，有益于克服呆板、静止的课堂教学弊端，调动学生的学习主动精神，当时天津一些小学校纷纷仿效。但是阮芝仪照搬了一套美国教育的程式，甚至教室的地板都要打蜡，小学生进教室一定要脱鞋子，这在当时并不符合中国国情。同时设计教学法打破学科界限，不利于学生系统地掌握各科知识，也不便于与中学的分科教育进行知识衔接。张伯苓在阮芝仪另谋他就离开南开后，很快对小学的教学作了必要的调整，保留了中国小学教学的积极内容，特别是对儿童的传统道德教育，同时也保留了设计教学法中的合理成分。

南开小学经历了对设计教学法的这一研究、消化过程后，教学面貌和教育效果都有了很大的改观。

一位抗战前在南开小学读到四年级的学生后来回忆说，南开小学的校舍和环境并不十分讲究，但有宽阔的操场，光线充足的教室，备有舞台和钢琴的礼堂，种植花草和饲养家禽、小动物的园地，以及为小学高年级学生认识社会开办的"小银行"、"小商店"。各种设施考虑得很周全，都是为了增长学生的知识、提高文化素养和增强求知的欲望。南开小学的教育是丰富多彩的。这位当年的小学生还回忆，南开小学强调把课本知识生动活泼地传授给学生。学习"原始社会"一课时，教师把学生化装成"原始人"模样，腰间系上纸做的树叶儿"短裙"和象征性的骨头做的"武器"，然后让大家围立在沙箱四周，一起摆弄和布置原始人生活的景象；通过养蚕，使学生亲自观察蚕的成长过程，知道绸缎原料——丝的来源。[1]

---

[1]南开大学校长办公室编：《张伯苓纪念文集》，南开大学出版社1986年版，第171~172页。

南开大学、男中、女中、小学位置图。从1904年至1928年，严修、张伯苓以私人之力，用了二十余年时间，创办了完整的南开教育体系，成为民国时期私人办学的一大奇迹。

通过南开小学教育教学的变化，再次证明张伯苓的教育思想是向着契合中国实际而不断前进的。

至此，严修、张伯苓二公完成了从小学到大学的完整的南开教育体系的建设，南开学校各部对内分别称为大学部、中学部、女中部和小学部，对外则正式称南开大学、南开中学、南开女子中学和南开小学。

"教育宗旨不能照搬外国"——再度西游取经

张伯苓一生三次考察欧美教育，1929年的欧美之行距他上次留学美国已过了十年。这十年当中，世界教育，特别是美国高等教育的教育理念和社会职能有了很大的变化；也是在这十年中，张伯苓完成了南开教育从中学到大学，从一所学校到多所系列学校的转型，南开正处在继往开来的关键时期。张伯

张伯苓（中）在美国考察教育时，与南开校友梅贻琦（右）等在一起。

苓正是在此情况下,决定再赴欧美考察教育的。1928年12月14日张伯苓离津,南开师生在车站高唱校歌为校长送行,张伯苓脱帽参加合唱。他临行前留给各地校友一封信,说明此行目的一在游历,一在募捐。

这次欧美之行,历时9个月,张伯苓先后访问、考察了美国、英国、意大利、法国、瑞士、德国、丹麦、挪威等国。

1929年1月25日,张伯苓抵达纽约,他把主要精力用在了考察美国教育和社会情况上。他这次到美国,正值美国经济相对稳定繁荣的时期,铁路增加,高楼林立,全国汽车超过500万辆,年收入在百万美元以上的富翁达到4万人,整个社会显得空前富裕繁华。当时的总统胡佛吹嘘说,美国将消灭贫困,不久之后就会使每个工人菜锅里有一只嫩鸡,每间汽车房里都能有一辆汽车。美国的物质生活给张伯苓留下深刻的印象。他由此得出结论,生活在这个世界上的人,不奋斗、不竞争,是不能生存的,安于贫困是无意义而可怜的。他说:"中国现在是吃社会的人太多,生产的人太少,社会的现象是不生产的人更可享乐,这样下去焉得不贫,焉得不弱?"至于贫的原因,第一是工业的缺乏,第二是农民所占土地太少,农业不能尽量发展,第三便是中国人口的众多。他认为,富强是中国应当解决的最大问题,"总起来说,要切记这三项:第一提倡工商业,第二移民边界,第三节制生育"。[1]张伯苓从发展生产力出发提出的富国强民主张,是符合当时中国实际的,比他"教育救国"的主张更前进了一步。

张伯苓注意教育考察与社会考察相联系。他在美国四个月的时间,不仅一般性地参观了哈佛、耶鲁、普林斯顿等大学,而且更多的是与教育家、著名社会人士一起探讨问题,具体了解他们的教育如何促进社会的发展,怎么解决西方国家存在的通病。他说,西方各国都有许多通病,这种通病对于

---

[1] 王文俊、梁吉生等编:《张伯苓教育言论选集》,南开大学出版社1984年版,第175页。

我们很有借鉴,以后若是我们犯了某种病就可以相对照,而不致恐慌,这样才可以解决中国的问题。他在纽约期间,与他过去的老师就这样无拘无束地讨论问题,其中克伯屈给予他的帮助最大。克伯屈在美国教育界的地位仅次于杜威,有非常丰富的学识经验。张伯苓说,我以前在美国时他是我的教授,那时他发表思想见解我只能听,现在不同了,我可以向他提出问题,互相讨论。通过实地考察和相互探讨,张伯苓对美国的社会及教育有了更深刻的认识。

4月19日,张伯苓由纽约到费城参观各类学校,对留学生发表了题为《中国之现状》的演讲。他说,外国学校如大工厂,学生如工厂的出品,学校根据社会需要而定教育方针。适于此者有时不适于彼,中国情形与美国不同,因此,留学生就学读书,要从中国实际情况出发有所选择,"其于中国情形相合者学之,否则舍之"。谈到国内情况时,他认为,孙中山先生的《建国大纲》对社会的发展作了明确的阐述,"步骤井然,如能行之不误,定能进入盛平之世"。他认为经济问题是中国"目前之最要者"。解决经济问题关键在于大力发展生产。他不同意共产党的主张:"国中一般共产党员高倡资产贫富之不均,殊不知国之大病不在产业之不均,而在生产之不得其法。"[1]他认为中国社会一向轻视工商业发展是错误的,精神文明建设必须有社会生产的前提,"中国旧观念士农工商四类,士为最高。数千年来就此重士轻工之观念,致养成一般空谈而不做事之腐败阶级,高倡精神文明,而不知改良社会,提高生活程度。二十世纪文明之下,尚有受饿之民族,精神文明价值何在?"[2]他希望留学生免去空谈的弊病,而务实际做实事,多多研讨有关中国切要之问题。

---

[1] 王文俊、梁吉生等编:《张伯苓教育言论选集》,南开大学出版社1984年版,第168页。
[2] 王文俊、梁吉生等编:《张伯苓教育言论选集》,南开大学出版社1984年版,第168页。

严修像。严修逝世后，张伯苓在多种公开场合追思、称赞严修的办学功绩，并尊严修为南开"校父"。

正值张伯苓在美期间，南开学校创办人严修于3月14日去世，张伯苓闻此噩耗，悲痛万分，特发唁电，以为悼念。

6月初，张伯苓由美国抵达伦敦，受到留英南开同学会会长老舍及宁恩承等南开校友热烈欢迎。8日，在伦敦上海楼会餐，张伯苓在讲话中介绍了南开大、中、小学各部的发展情况，特别提到南开大学主动适应社会发展需要而采取的措施，如经济系的调查平津生活状况，生物系的研究日光与稻麦生长之关系等。他说："此种实际问题之解决，利益在遍于全国。"[1] 15日，张伯苓与老舍及南开同学一起畅游伦敦植物园。大家都极有兴致，众推老舍作一篇游记，并当即寄往母校。

在张伯苓过去的印象里，英国是守旧的国家，学校如牛津、剑桥等也是守旧的学校。这次到英国一看，牛津大学以至英国各方面，都有了很大的进

---

[1] 王文俊、梁吉生等编：《张伯苓教育言论选集》，南开大学出版社1984年版，第169页。

张伯苓（左四）在欧洲考察教育时，与老舍（左三）等南开校友在伦敦植物园。

步。他感到，进步是世界的潮流。世界进步，学校亦随着进步；学校进步，世界也进步。科学技术的发展，引起了近世思想和行为的变迁，推动了各国的变革和进步。中国应当适应世界潮流的变化，办教育的人要时时想法使学校进步。他在爱丁堡对南开同学说，在国外读书，不要忘记祖国；要以在国外所学的知识为工具，回过头来救中国；学经济的要努力研究，并向外国教授讨教"救穷之术"，因为穷是中国现代最大病症之一。他说："中国教育最大之缺点为，只知用脑而不知用手，故纸上谈兵。现在中国所需要的人才，是须有手脑齐全者。"[1]他到英国广播电台演讲《将来科学教育之需要》，也是强调中国要发展更多的应用性科学，要培养掌握现代科学技术的人才。这次到欧美考察，张伯苓对教育要适应社会需要，培养人才要理论联系实际有了进一步的认识。

[1] 王文俊、梁吉生等编：《张伯苓教育言论选集》，南开大学出版社1984年版，第170页。

经过9个多月对欧美教育的考察，张伯苓的教育观有了明显的变化：认识到教育与社会的密切关系，研究教育必须从社会实际出发。他说，过去我研究西方教育，多注意学校的组织及其外形，现在不应如此了，"现在的考察教育便是考察社会。教育是解决问题的，各国的情况如何？一切政治经济的状况如何？教育怎样解决他们的这些问题？所以，教育与社会很有关系"。[1]

张伯苓还对欧美的长处与短处有了比较客观的认识，提出了学习西方应持的正确态度。在此之前南开就强调："外人之法制能资吾人之借镜，不能当吾人之模范。"[2]这次欧美考察归来，张伯苓更明确指出："我第一次到美国去的时候，看见他们样样都好，恨不得样样都搬到中国来。第二次去的时候就不然，觉得美国东西有的可以搬到中国来，有的不能搬的，勉强搬只有害而无利。"他还说，"我们取法的，只是他们科学的方法和民治的精神的使用，而不是由科学方法和民治精神所产生的结果。所以我们说，欧美的方法尽管可以学，欧美的制度则不必样样搬来 —— 要搬，也必须按照环境的情形而加以选择。"[3]他的弟弟张彭春也是这样的主张。他在向学生作报告时说："我们中国已远远落后于世界强国。我们不能在后面一步步跟着走，必须把美国的精华吸收过来，迎头赶上去！"张彭春怕学生们不理解他说的意思，还特地打比喻说："就是把美国炼成的仙丹吞在我们肚子里！"

张伯苓进一步认识到中国教育的根本弊端是不适应国情。他认为，制定教育宗旨，必须从中国国情出发。他说，教育不振，固然为中国之病症，教育不能联系中国国情，尤为中国之大病。因此，"教育宗旨不可仿造，当本其国

[1] 王文俊、梁吉生等编：《张伯苓教育言论选集》，南开大学出版社1984年版，第173页。

[2] 王文俊、梁吉生等选编：《南开大学校史资料选（1919~1949）》，南开大学出版社1989年版，第38页。

[3]《南大周刊》第71期，1929年11月。

情而定"。[1]

最后，张伯苓得出结论：教育改革必须适应本国社会发展的需要，"革新运动必须'土货化'"，"此中国革新运动应有之精神，亦南开大学发展之根本方针也"。[2]

从盲目照搬欧美教育到对它进行清醒、客观的评价，从机械模仿到批判吸收欧美教育的有益成果，从热心教育改革到深刻认识中国教育的痼疾，真正找到发展中国教育的道路，这是张伯苓教育思想的一大进步。这一进步不仅是他学习欧美教育转折点的标志，而且体现了中国教育由传统教育走向现代教育的必然趋向。正是这一教育思想和大学理念，让他把南开大学的发展放到了一个基础更加坚实广阔的平台上。

调解胶东军阀内战

从1912年中华民国建立至1937年抗战爆发，中国大地军阀割据，内战频仍，北洋军阀时期自不必说，即使到1927年南京国民政府建立，虽然名义上统一了中国，但实际上国民政府政令所达之地有限，各地仍然军阀林立。各派军阀为了各自私利，不断进行内战，人民处于水火之中，国家和民族利益受创巨大。尤其是"九一八"事变之后，中华民族又面临亡国灭种的外族威胁，内忧外患交集。1931年11月8日，日本军人在天津操纵便衣队，发动暴乱，南开大学首当其冲，被迫停课，张伯苓紧急疏散学生。1932年更是多事之秋，1月

---

[1] 华午晴、优乃如：《十六年来之南开大学》，《南大半月刊》第15期，1934年10月17日。
[2] 王文俊、梁吉生等选编：《南开大学校史资料选（1919~1949）》，南开大学出版社1989年版，第38页。

28日日军大举进攻上海，3月1日伪满洲国在长春成立。国势阽危，让不少人产生焦虑和困惑。张伯苓早在南开中学复课训话中就公开表示：救国关键，要对内能团结。1932年开元伊始，张伯苓被国民政府聘为国难会议会员，此后，他便以更多精力为国事奔忙。5月，上海各界发起成立"废止内战大同盟"，号召国人一致对外。张伯苓通过与《大公报》记者的谈话对外表示：废止内战为全国人民之公意，四万万人团结起来，试问谁敢内战，自成独夫？他还表示，作为发起人之一，他正向各界知友接洽。几天后，他便与天津各界人士80余人致电上海，表达天津人民"共同进行"的意愿。接着，张伯苓、茅以升等在南开召开会议研究废止内战办法，在张伯苓主持之下，大家特别提出，要联络铁路职工，使他们不与内战者合作，还要多征军人为会员，使其拒绝参加内战。7月29日，张伯苓、张学良、傅作义、宋哲元、于学忠、张继等出席在北平举行的北平政务委员会大会，张伯苓痛陈团结救国之必要。《大公报》报道说："张氏为一学者，语多真挚，全场俱极动容。"[1]

但是，就是参加了这次大会，并在大会上"对团结救国一层多所阐发"的韩复榘，却口是心非，言不由衷，不顾国家外患日亟，在9月21日，即与山东另一军阀刘珍年部为争夺势力范围而发生战事。"废止内战大同盟"在上海开会，公推张伯苓赴山东进行调解。张伯苓行前对《大公报》记者说："国难当前，国人皆应矢志对外，决不容再有内战发生。不幸胶东战事竟于外患迫切之中发动，本人承废战大同盟之命，决赴济一行，恳请即时停止军事行动。"[2]22日晚10时，张伯苓即搭乘平浦201次车由津赴济南，规劝韩、刘双方即时停止军事行动。23日晨，张伯苓抵济南，会晤民政厅长李树春，陈述代表废战大同盟及华北各界来鲁劝请韩、刘两军停战，以政治公理解决胶东问题，并拟

[1]1932年9月22日《大公报》。
[2]1932年9月22日《大公报》。

亲赴沙河前线会晤韩复榘的意图。李树春当即电告韩复榘，24日晚7时1刻，韩复榘即由沙河前线乘火车回到济南，随即与张伯苓洽谈。25日韩复榘复电"废止内战大同盟"，谓："张伯苓到济，晤谈甚洽。胶东军事行动，内本良心主张，外应人民呼吁，出于万不得已。既奉中央明令，遵当立时停止。"[1]

张伯苓的调停、规劝任务至此圆满结束，于26日晨即乘车离开济南赴青岛，30日回到天津。调停、平息韩、刘战事，是"废止内战大同盟"成立后成功劝止内战的一个范例，也是该同盟存在期间的主要成绩。

韩、刘战事的平息，是韩、刘军事双方实力与利益妥协的结果，仅凭张伯苓个人的威望或其个人的能言善辩、苦口婆心是不可能达到的。但张伯苓作为一名教育家勇担国难、慷慨赴义的精神，谁又能说不会感染南开的同人、教育南开的学生呢！

张伯苓与军事交战之一方韩复榘。

[1] 1932年9月26日《大公报》。

在运动会上与日本人的较量

1934年，第十八届华北运动会在天津召开。此时正值东北沦陷、榆关失守、热河被占、日本紧逼华北的危难时刻，华北民众抗日情绪高昂。南京政府唯恐运动会有闪失，行政院院长汪精卫特派秘书长褚民谊等人专程来津坐镇。河北省政府主席于学忠亲自担任这次运动会会长，花了30万元巨资赶建了宏伟的河北体育场，张伯苓任运动会副会长、总裁判长，具体主持各项赛事工作。

张伯苓在第十八届华北运动会会场。

10月10日，运动会隆重开幕，褚民谊、于学忠、张伯苓、绥远省主席傅作义、天津市市长王韬、青岛市市长兼华北运动会名誉会长沈鸿烈、全国体育协进会会长兼华北运动会竞赛委员会主席王正廷、察哈尔省民政厅厅长秦德纯、全国体育协进会总干事沈嗣良、河北省教育厅厅长周炳琳、大会总干事袁敦礼以及军政要人、天津市士绅200余人出席开幕式，英、美、意、日、德等国驻天津领事也都到会。察哈尔、陕西、山东、山西、辽宁、吉林、黑龙江、热河、绥远、河南、河北等省以及青岛、北平、哈尔滨等市运动员，在董守义手持小旗导引下入场。于学忠、褚民谊、周炳琳、郝更生、马约翰等致词，袁敦礼作报告，张伯苓演说。这时，由几百名南开大学、南开中学、南开女中学生组成的南开拉拉队开始了生动表演。只听哨笛一响，人们用黑白两色小旗组合出"毋忘国耻"四个大字。会场上三万多观众的目光一齐投向主席台对面看台上的南开拉拉队，一齐投向这四个黑白分明的大字。刹那间，狂风暴雨般的掌声突然从会场上旋起，掌声未断，哨音又响，"毋忘国耻"换成了"收复失地"四个大字。随着旗字的变换，拉拉队发出铿锵有力的呼喊：

华北会，十八届，

锻炼好身体，

休把别人赖，

收复失地在关外。

十八届，华北会，

大刀带长枪，

熊腰又虎背，

敌人见我往后退，

敌人见我往后退。

东北运动员通过主席台了，拉拉队一齐高呼：

练习勤，功夫真，
东北选手全有根，
功夫深，资格深，
收复失地靠咱们。

察哈尔省运动员走过来了，拉拉队冲着运动员高呼：

察哈尔，有长城，
城里城外学英雄，
要守长城一万里，
全凭你们众英雄。

会场上的观众和运动员被一次次的旗字所震动，被拉拉队激昂的呼喊所感动，整个会场的情绪被不断推向高潮。正如当时天津《大公报》所说："十八届华北运动会会场里唯一令人注目的要算是南开拉拉队。开会的那天，这五百位男女英雄在三万观众面前，表演他们的拿手好戏，果然是一鸣惊人。看！白色的旗阵，显出黑色的字形，动作的整齐，图

南开学校拉拉队运动会场组字"毋忘国耻"。

运动会名誉会长
沈鸿烈赠给南开学校
拉拉队的纪念章。

样的美观，引起了全场的掌声。'中华民国万岁'、'毋忘国耻'正在东北选手入场时列起来，加重了全场严肃悲壮的空气，听说有人竟落下了眼泪。"[1]

南开拉拉队的表演，会场上的激愤情绪，深深地刺痛了被邀参加开幕式的日本驻津最高长官梅津，他当场气势汹汹地向张伯苓提出抗议。张伯苓据理争辩说："中国人在自己的国土上进行爱国活动，这是学生们的自由，外国人无权干涉。"[2]尴尬无措的梅津羞愤退席，立刻向天津市政府交涉司提出抗议，随后日本驻华大使馆又向南京外交部提出抗议。抗议的结果是南京政府让张伯苓约束他的学生，不要有轨外的行动。张伯苓为应付上头的指令，把拉拉队的队长找来"训诫"，他说的第一句话是："你们讨厌！"第二句话是："你们讨厌得好！"第三句话是："下回还那么讨厌！""要更巧妙地讨厌！"[3]张伯苓领导着他的学生就是这样"讨"帝国主义者的"厌"，"讨"投降主义者的"厌"，伸张正义，激发人们的爱国热情。其所作所为，凸显出教育家威武不屈的人格和品质。

---

[1] 1934年10月11日《大公报》。
[2] 郑一民：《华北运动会的由来及第十八届华北运动会》，《体育史料》第10辑，人民体育出版社1984年版。
[3] 梁吉生编：《张伯苓的大学理念》，北京大学出版社2006年版，第99页。

南开建校三十周年，颁定"允公允能"校训

经过严、张二公三十多年殚精竭虑的努力，以及南开同人的倾力合作，到20世纪30年代中期，南开系列学校无论是校园建设，还是学生的培养，都已卓然有成，为社会各界所瞩目，达到了南开学校发展史上的一个高峰。1934年，适值南开学校建校三十周年。10月17日，南开大、中、女中、小学四部举行建校三十周年盛大庆祝会。上午，先后有童子军表演，中学、女中、小学成绩展览。下午及晚上先后有庆祝瑞廷礼堂落成典礼、三十年纪念会，以及话剧演出。河北省政府主席于学忠送大钟一座，河北省政府秘书长查耀、天津市市长王韬、河北省教育厅厅长周炳琳、清华大学校长梅贻琦、河北省政府委员严智怡等学界政界要人出席纪念大会。张伯苓宣布南开以"允公允能，日新月异"为校训。

"允公允能"这种话语形式出自《诗经·鲁颂·泮水》："允文允武，昭假烈祖。"允公允能，意即既有公德，又有能力，德才兼备。张伯苓的本意是，要使南开培养的学生具有"爱国爱群之公德，与夫服务社会之能力"。"日新月异"，出自《礼记·大学》：

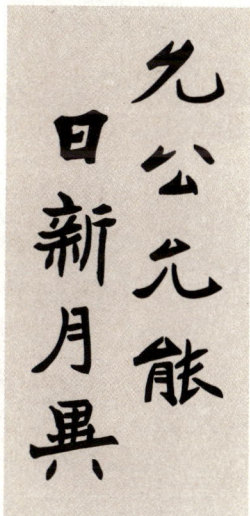

南开校训如今已成为南开学校的重要标志之一。

"汤之盘铭曰：'苟日新，日日新，又日新。'"意即与时俱进，每天每月都有新的发展变化。

"公"、"能"的问题，是张伯苓对三十年从教经历沉潜、探索、凝聚的结晶，是他办学理念的集中体现。它熔铸了南开办学过程中最具生命力的品质，是南开对"要培养什么人，怎样培养人"这一中国教育根本问题给出的答案。

历史表明，当有意义的新思想在某个人或少数一些人那里形成之后，要产生广泛的影响和效力，就必须在一定范围内成为一种行动指南，成为某个群体中普遍的观念，然后才能普及开来。张伯苓正是遵循这一规律，把自己的教育思想以校训的简明形式内化为南开师生的行为"观念"。换句话说，校训作为一种南开特有的"观念"，连接了师生的思想和行动，连接了个人和学校，成为万千师生共同的价值判断、价值选择和价值认同，生发出强大的凝聚力和向心力，代表着南开的形象，恒稳着南开发展的风格。"公能"——南

南开学校建校三十周年展览，展示了南开学校艰难的办学历程和卓越的办学成就。

开不变的"DNA"。

南开校训特别强调了能力和道德两个方面。道德要求重在公德，即校训中的"公"，目的在于培养学生的公民责任感和社会责任意识，使他们逐渐摒弃自己的私心而将自己的公心发扬光大。张伯苓这种强调公益性的教育，是针对当时社会普遍存在的注重个人品德而忽视社会公共道德，注重小德而忽视大德而提出的。张伯苓多次说："有的中国人太自私自利，常为自己一点小利，就能做出不顾大体、祸国害国的事。"他还说，"中国人只知道，你的是你的，我的是我的，而把公家的事物认为是不属任何人，大家可以随便拿，有机会偷就偷，有机会贪就贪。只要是公家的，大家不去给它加东西，不爱惜它，结果把它摧残了，毁坏了。今后要以'公'教育大家，使大家知道'公家的'是你我大家所共有的，大家只能给加东西上去，互相监督，谁也不能拿，谁也不许偷，这样国家才能建设起来。"[1]公德集中表现为爱祖国、爱集体的优秀品质，"惟'公'，故能化私，化散，爱护团体，有为公牺牲之精神"。[2]

校训的"能"，主要指培养学生具备为国家为社会服务的能力。这种能力包括很多方面，如智能、技能、体能，实践能力、创新能力、心理应变能力等。张伯苓特别强调以科学知识和自治精神为主的现代能力，只有这种能力才能使中国人摆脱愚昧，强大起来，使新一代青年从容面对社会和世界，使中华民族走向世界，使中国走向现代化社会，"惟'能'，故能去愚，去弱，团结合作，有为公服务社会之能力"[3]。

"公能"校训，最集中地体现了张伯苓关于"以教育力量使中国现代化"

[1]郭荣生：《张伯苓校长的"公""能"教育》，郭荣生、张源编：《张伯苓先生纪念集》，台湾文海出版社1975年版。
[2]王文俊、梁吉生等编：《张伯苓教育言论选集》，南开大学出版社1984年版，第247页。
[3]王文俊、梁吉生等编：《张伯苓教育言论选集》，南开大学出版社1984年版，第247页。

的思想。他在一次全校学生集会上明确提出："允公，是大公，而不是小公，小公只不过是本位主义而已，算不得什么公了。只有允公，才能高瞻远瞩，正己教人，发扬集体的爱国思想，消灭自私的本位主义。""允能，就是要做到最能。能建设现代化国家，要有现代化的才能。而南开学校的教育目的，就在于培养具有现代化才能的学生，不仅要求具备现代化的理论才能，而且要具有实际工作的能力。"他还说，"日新月异就是每个人不但要能接受新事物，而且还要能成为新事物的创始者；不但要赶上新时代，而且还要能走在时代的前列。"[1]

同时，《南大半月刊》第15期刊载颜惠庆庆祝南开建校三十周年的文章，谓："我们有句古话：'行行出状元。'究竟今日之下，我们政治上、外交上、财政上、文学上、科学上、美术上、实业上、经济上、教育上、军事上，以及其他人类应有的活动上，出了几个'状元'，可以在国际上占一地位？现在不管是有是没有，是多是少，总而言之，南开可以自慰的，就是无论如何，出了一个办教育的'状元'，我们所钦佩的张校长。从正面看来，张先生三十年惨淡经营，造成了一个南开；从反面说，南开是一个机缘，造成了一位张校长。无论国内国外，全是异口同声，承认他是教育界有成绩的一位领袖。这一件事，我觉得值得为南开三十周年纪念，特别可贺。"

张伯苓的"公能"校训，是南开应对我们生活的世界和社会的一种具有原创思想的能力。

"公能"校训的确定，让我们记住了南开一个时代。

---

[1]南开大学校长办公室编：《张伯苓纪念文集》，南开大学出版社1986年版，第133页。

庆祝结婚四十周年

中国近代有两位留过洋的著名教育家都是娶的旧式妻子，而且都是琴瑟和谐，白头到老，人无闲言。这两位人物，一位是胡适，另一位就是张伯苓。

轰轰烈烈的南开学校三十周年庆典刚刚过去，转眼进入1935年。这一年的2月，适值张伯苓夫妇结婚四十周年。在这四十年中，张伯苓与严修不仅共同创办了南开学校从小学、中学到大学和研究所的完整的南开教育体系，并且在吸收中国传统文化与西方现代教育理论之精华的基础上，在办学实践中形成了南开学校特有的以校训"允公允能，日新月异"为核心的教育思想和人才培养目标，以及一整套的训练学生养成爱国爱群之公德与服务社会之能力的有效方法，从南开毕业的学生在各地的服务成绩卓著，南开学校在社会上声誉日隆。

家庭方面，张伯苓的父母已经去世，弟弟张彭春在美国先后获得教育学硕士和哲学博士学位，回国后襄助张伯苓办理南开教育，成为推动南开教育向前发展的生力军之一。张伯苓与王夫人的四个孩子，长子锡禄留学回国后，已是厦门大学教授；次子锡羊从南开大学商学院毕业后经商，后弃商从政；身患肺病的三子锡祚在王夫人的悉心照料下，身体日渐强健；四子锡祜自南开中学毕业后，就读于杭州中央航空学校。张伯苓的家庭可谓十分美满。

事业与家庭双丰收的张伯苓，又值中国传统的虚岁六十大寿，因此，在2月24日，南开四部同人及校友在南开女中礼堂举行纪念会，庆祝张伯苓与王夫人结婚四十周年。在纪念会上，张伯苓接受天津《益世报》记者采访，抚今

张伯苓夫妇与长子锡禄（左一）、次子锡羊（右一）、三子锡祚（左二）、四子锡祜（右二）。

追昔，称赞夫人王淑贞四十年来相夫教子、服侍父老、甘于清贫生活的美德，并感谢其对于自己事业的帮助。他说：

　　我本是出身于寒士家庭中的一个子弟，父亲是一个教书的先生，教书的和穷字向来不分家，所以同时我的母亲，还要用十指来帮忙她的丈夫，去接收一点外活来做。我有两个妹妹，一位嫁了马千里，一位嫁了一个姓黄的。一个弟弟，那便是仲述。当然完全是一个旧家庭。

　　我对于孩子们，没有工夫去看管他们，都是由她看管大的，她不识字，不能教育，但是常识却十分丰富，而且理解非常清晰，孩子们对于他们的母亲，都是十分敬爱的。

　　她教育小孩子有三种规定：一、宁肯饭食做得好些，但绝不许买零嘴吃。

二、绝对不许说诳话。三、用钱只要有理由，准给；没理由，准不给。

孩子们都穿布衣服，就是现在他们做了事，这种良好的习惯还存在着。向例老大的衣服，再留给老二穿，老二的衣服留给老三穿。但是后来长成了人，我的三儿子却比二儿子高，四儿子又比三儿子高，这却成了一个有趣的问题。记得有一次老四同他的母亲要求："来件新棉袍罢？我穿完了再给三哥，再给二哥，大哥，倒着穿回去不一样吗？"我想起来就要笑，从这里，也可以看出她教子、持家之一斑。

孩子们小的时候，当然爱闹，所以当我在家时，他们的母亲怕惊扰了我，便领了他们到别处去。她对于孩子们是不常说的，她觉到总说并不好，那样会减去了孩子们的羞愧心和改过。我对他们，偶尔打过，但次数极少，也可以说因为有了好母亲，他们就用不着我去管教了。

我在家里，四十年来向来不曾生过一点气，这便是她最大的功绩，我最大的安慰。因为这样，我做事的心，才不被分化，才永远是个整个的。她的确帮助我工作增加不少效率。

四十年里，我每天回到家中，是完全休息着，十分舒服，十分安慰。因为有了她，不知省了我多少事。父母，她替我侍奉了；子女，她替我抚养了。我真应该对她表示十二分的谢意。

进而，张伯苓又谈到对一般婚姻的看法："近来新式的太太，虚荣心似乎要比旧式的妇人高得多！她们不能帮助自己的丈夫，有的还使她的丈夫，不能不为了她，而去竭力地在经济上想办法，去想不劳而获的方法。我以为那是太傻了，要做成一件事，成为一个有用的人，总是先要受困难，先要吃苦的，绝没有现成的事在那儿等着你。我希望能帮助丈夫的太太，就要同丈夫吃苦，先从难处做起。"

而夫妇的和好之道，张伯苓认为，男人应当占六成五到七成，女人只占三成到三成五。所以，做丈夫的在日常生活中，应做到四点：第一，太太做事有可以称赞的地方，你便应该快称赞一声好。第二，容貌问题。无论谁，到了年纪总会老的，而且无论多美的人，看久了也会觉着不美，这都应该知道，而且更应该看看自己又生得是什么样子，千万不可高抬身价，双方都降格一点，那自然便会和美了。第三，常常为你太太买点东西。第四，要能忍，能让。"除了有种真不讲理的女人是例外，丈夫对于妻子是该忍一忍的。你为夫妇的和美而说点谎话，并不要紧，多说一点谎话，也不要紧！因为人生本来是戏剧啊！""要使夫妇间有真乐，要用自己的力量建设起家庭来。家为国之单位，家齐自然国治。要知道一切的国民，都就生长在不同的家庭中，国家现在正受

20世纪30年代张伯苓夫妇与孙辈。

着试探，所以都应从家庭建设起，也就是从夫妇和美起！中华民族的有无希望，也就可以从这看出来，家原来并不是私有的！"[1]

张伯苓的小脚夫人比他大三岁，却比张伯苓长寿了十年。国家遭受经济困难时期，一切生活日用品凭证供应，国家总理周恩来把他的高干食品供应证给了师母王夫人，使她生前可以从天津市政府有关部门领到油、糖、鸡蛋等副食品，直至王夫人于1961年冬去世。

校友均系小羊，不宜下剪

1934年，是南开学校建校三十周年，1月21日，南开校友总会召开执委会，议定筹集南开中学伯苓基金，募款金额定为50万元，"藉以纪念张校长三十年来之艰辛缔造，并以巩固母校之根基"。[2]之后，校友总会主席阎子亨向张伯苓作了报告，张伯苓当即说："我现在尚未死，南开学校现亦尚未达完满境界，此举大可不必。而且本校校友均系小羊，身上的毛尚短嫩，不宜下剪。"[3]校长对校友的关爱溢于言表。后经阎解释，张伯苓即谓："如会中必欲作，我以为有三点须加注意：（一）数目不可大，大则结果不易完满；（二）募款不可专注意中学，而使其他三部有关系者不热心；（三）募款范围仍以自校友本身作起点为宜。"[4]3月份，南开校友总会接受喻传鉴的建议，正式决定把此次募款定名为"伯苓基金"，第一期募款目标为10万元。

[1]1935年2月25日《益世报》。
[2]南开大学档案。
[3]南开大学档案。
[4]南开大学档案。

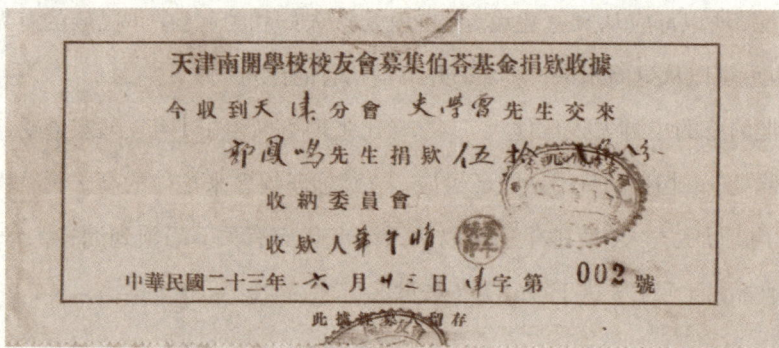

南开学校校友会伯苓基金捐款收据。

    10月17日，南开校友总会开始酝酿伯苓基金的第二期募款40万元，"用以纪念南开学校三十周年之盛典，兼以庆祝伯苓先生六旬大庆之良辰"，体现"南开教育之根本精神，为自强不息之前进"[1]。并决定自1935年1月1日开始向南开校友和社会人士募捐。

    张伯苓闻听此事，即于12月8日致函南开校友总会，婉言劝阻此次募捐活动："近闻贵会拟于下月一日起，联合各地校友，举行'伯苓基金'募款运动，藉资庆祝南开学校成立卅周年，并纪念个人六十周岁。盛意拳拳，感荷曷极！惟苓年事虽高，微躯尚健，过去小小成就，亦无足纪念。乃贵会热心母校发展，募集基金，冠以鄙名，论同学热诚，实予苓以莫大兴奋；言筹款方式，似犹有斟酌余地。苓尚未到退休之年，又值国难日殷之际，对社会各方，尚思振刷精神，继续努力，希对于国家多有贡献。用敢函请贵会对于募集'伯苓基金'之举重行熟商，另拟新方案。"[2]

    接到校长来函，南开校友总会执委会经过商议，认为此次筹款活动势在

---

[1]梁吉生撰著：《张伯苓年谱长编》（中卷），人民教育出版社2009年版，第347页。

[2]梁吉生撰著：《张伯苓年谱长编》（中卷），人民教育出版社2009年版，第344页。

1934年12月22日张伯苓致南开校友总会函。

必行，决定把"伯苓基金"改为"南开中学基金"，募款目标仍定为40万元。对此，张伯苓于12月22日再次致函校友总会，一方面表扬校友的爱校之情，同时认为，面对当时不景气的社会经济状况，南开校友会要在短时间内募集到如此巨额款项，实属困难，建议缩减筹款数额，一方面可以减轻校友负担；另一方面筹款目标也容易实现，仍足以表明校友会爱护母校之热诚。同时指出："至巩固学校基础一层，南开所最需要者，不在有巨额之基金，而在有与学校共休戚之校友。苟校友诸君对于学校，真诚爱护，即使学校经费万分困难，亦不至束手无策。观夫昔年范孙楼之募建，与此次基金募集之动议，苓深信南开有此热心之校友，南开基础已安如磐石，固不必急急于筹集有形之巨额基金也。"[1]

[1]南开大学档案。

南开校友总执委及"三六"募款有关各委员会委员与领受南开校友"三六"奖学金的学生。

　　南开校友总会再次商议，认为此次募捐既为纪念南开学校建校三十周年暨张伯苓校长六十寿辰，决定把此次募款活动定为"三六"募款，同时接受校长的建议，将筹款目标定为3.6万元。其中，"以一部作为南开大学及男女高中奖学金，一部作为南开校友学术增进及教育推广事业"。[1]至此，张伯苓不便再予阻止，校友总会于是在1935年1月1日发布《"三六"募款捐启》，"三六"募款运动开始。之后，在张伯苓的协助下，校友总会阎子亨、陆善忱等人积极奔走于南京、上海、杭州、济南、北平等地，各地校友踊跃响应，社会人士也慷慨捐输，集腋成裘，至1935年4月3日张伯苓六十寿诞（4月5日）前此次募款运动结束，共筹得6.9万元。

---

[1] 梁吉生撰著：《张伯苓年谱长编》（中卷），人民教育出版社2009年版，第347页。

　　张伯苓对此极为满意,谓:"这次'三六'募款运动,赖诸位校友的共同努力,不但没有失败,结果还能超过原定募款数字三分之一以上,足证诸位校友的热心劝募,社会人士对于南开的爱护与赞助,我们实在觉得很可庆幸。"对于此次所得款项的利用,张伯苓主张应该在原有的基础上扩大:"我们的用款目的,不只求有益于校友自身,应当将范围扩大,还求有利于国家。""凡对于国家有益的事业,我们校友们就要通力合作,多所贡献。因为我们是知识阶级的领导者,应自负是复兴国家一支最强劲的生力军。本南开的'硬干精神'先由天津总会做起,再逐渐推及于全国各分会。固然是'言之非艰,行之维难',如果诸位校友能以'三六'募款那样的热心,不断地努力工作,对于现社会的'愚'与现社会的'穷',一定能有相当的补救。""我盼望诸位校友要将'三六'募款的热力,仍继续着燃烧,并且要与一煤球般的密集,使燃烧力更为强大永久。若只募款三万六千元,那不是我们唯一目的。我们希望'三六'募款燃烧力,蔓延到各处,它的热量散布到全国!"[1]

　　校友捐助、社会捐赠,在欧美大学都是筹集办学经费的重要渠道。南开作为私立学校也是靠国人的力量发展起来的。张伯苓曾经说,一部南开发展史,实乃社会赞助之记录册。社会实可谓南开之保姆,南开实乃社会之产儿。南开对于校友及社会捐赠,有一套严格、规范的管理制度,公开、透明,每年学校的财务状况、收支明细,包括社会各方面的捐赠纪录,都放在校图书馆供人查阅。张伯苓靠自身行动,赢得了社会以及校友的认可,靠自身努力扩大了南开的影响。

---

[1]张伯苓:《对南开校友的展望 —— 燃起了民族复兴之火》,《南开校友》第6期,1935年4月。

投身抗日救亡运动

1931年9月，日本在沈阳发动"九一八"事变，举世震惊。全国人民掀起抗日救亡高潮。

9月22日，张伯苓被公推为天津中等以上学校抗日救国联合会主席，领导广大师生投入抗日救亡斗争。11月8日，日本军人操纵天津一帮土匪、兵痞、流氓、汉奸组成便衣队，在日本炮火掩护下发动暴乱，向中国人居住区进攻。南开大学地处要冲，学校秩序受到严重危害，张伯苓立即采取应变措施。12月5日，日军铁甲车载日兵20余人，竟开抵南开大学门前桥头，并架机关枪于桥头上，扬言要入校搜查。如此骚扰一直持续数日。当时的《北洋画报》报道："张伯苓校长在事变期中，异常镇定，而为教职员学生谋，无不尽其力。停课期间，发放薪水，恐住租界者不便领取，发支票于法租界广东学校。女生返里每人借以五元旅费"，以方便她们返乡之用。

1932年，日本在中国的侵略行为更加肆无忌惮。1月28日，日本海军陆战队进攻上海北站、吴淞等地。驻吴淞十九路军在

张伯苓手书"保卫祖国"。

蒋光鼐、蔡廷锴率领下奋起抗击。南开组织募款队，张伯苓带头捐款，汇洋500元慰劳抗敌官兵。他还打算亲赴江西苏区，调停内战，要求国共一致抗日。此后，张伯苓以更大的精力投身到抗日救亡的社会工作中。1932年4月，张伯苓被推为天津市民总代表接待前来中国调查日本侵华的国联调查团，出席调查会，并呈递市民意见书。国民政府还拟请他担任华北民众代表赴日内瓦出席国联讨论《李顿调查团报告书》的会议。

1933年1月1日山海关被日军侵占后，前方难民不堪炮火威胁，纷纷逃津，张伯苓与天津各界名流发起组织难民救济会，设法安置难民。同时，组织天津中等以上学校，大力支援长城抗敌斗争。1月9日他致函万福麟将军请其将该部阵亡营长、连长遗像及履历寄来以作广泛宣传鼓舞士气。1月10日又致函何柱国司令，告知将派南开师生代表携物品赴前线慰问将士，表示："榆关失陷，全国震惊，苟不速图抵抗，则大河以北将立非我有。我司令负全国众望守土大任，努力杀敌，为国争光，曷胜钦敬。"张伯苓作为天津中等以上学校及全市抗日救国联合会会长，夜以继日地组织学界支援抗日前线的工作。以南开为例，派往前线慰问就有1月10日南开教师王九苓率师生前往临榆县对何柱国军慰问；1月15日丁辅仁等师生携纸烟、咸菜赴北戴河、滦县等地慰问；1月27日张峰伯等师生24人携饼干近千斤、毛巾3000条、肥皂3000块赴通州宋哲元部慰问；2月11日又有师生分赴张自忠、冯治安、通州三处慰问；3月16日第二十九军冯治安部在喜峰口激战，张伯苓立即派出师生数人北上了解情况并慰问，他在随函中称赞："贵军喜峰口报捷，全国光荣，敝校遂听风声，尤为忭跃无似。"3月22日他又致函宋哲元："贵军捍御强敌卫国宣勤，丰功伟烈，至足钦佩。"并告知南开慰问队一行45人携带救护器具和慰劳品前往战地担任救护工作。张伯苓的抗日支前义举得到天津市各界支持，甚至外地同胞也热烈响应，如厦门大学教职员救国会就曾多次寄款给他，请其购物转交前线将士，就连远在广东东山的私立培正中学

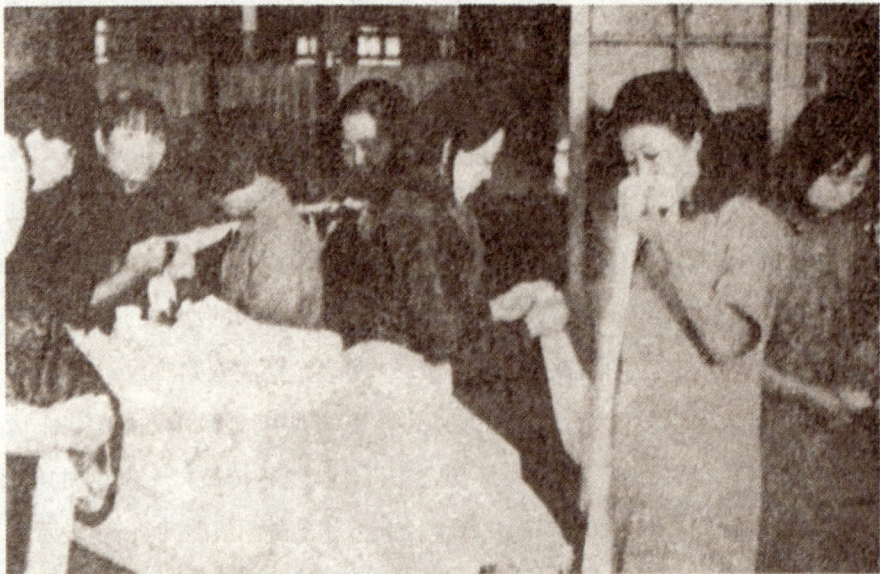

南开女中学生为长城抗战前线将士缝制绷带。

也寄来捐款。

　　为发动全市支援长城抗战，张伯苓等人成立了天津地方协会，1月17日，他作为大会主席，主持会议通过了组织征募委员会和妇女救国团体等决议，各项工作推及本市八自治区分头进行。以后又联合慈善团体参与救济事务。张伯苓把主要精力都放在天津学界和全市抗日救援工作上，正如当时他在致友人信中所言："苓迩来凛守匹夫有责之义，益不自遑安处，除校务外，而对地方事及国事南北奔走，忙碌异常。"[1] 燕京大学学生会请他赴京讲演，他也只得婉谢盛情，说：现在天津为地方维持会常委，并进行其他一切挽救时

---

[1] 梁吉生、张兰普主编：《张伯苓私档全宗》（中卷），中国档案出版社2009年版，第763页。

张伯苓致商震函。

局事，每天亦均有会议，忙碌异常，不能分身前往。

工作并非一切顺遂，对日抗战不无阻力，有人竟向天津市地方协会提议主张停战乞和。但张伯苓态度坚决："惟有敌来即击之，公同矢志抵抗到底。"[1]张伯苓的行动就是最好的证明。

张伯苓常说："咱们南开办教育乃是一民主义，就是拯救中华民族！"[2]

---

[1]梁吉生、张兰普主编：《张伯苓私档全宗》（中卷），中国档案出版社2009年版，第751页。
[2]杨肖彭：《我所认识的张伯苓校长》，《南开校友》第2号，1947年2月15日。

逆流而上，创办重庆南开中学

　　1935年，张伯苓已届花甲之年，但毫无老去情怀，依然像年轻人一样，为教育、为国事奔波。这一年，国家形势更加诡谲，7月《何梅协定》签订，8月底国民政府下令撤销北平政务整理委员会，华北局势危在旦夕。张伯苓敏锐地感到，"平津一带随时可有战局"，"天津如被侵袭，早受日人嫉恨的南开学校，其遭遇自属必然"。[1]从9月7日他在南京南开校友会上的这番讲话，可以看出他已做好了南开为国家牺牲的思想准备。年末，蒋介石从巴县致电张伯苓、吴鼎昌、张季鸾等人，告知全国禁烟委员会于1935年12月20日在重庆召开第一次会议。张伯苓是该会的常委，于是11月27日偕王九龄由上海乘卢作孚民生轮船公司的"民权轮"，与要去四川大学做校长的任鸿隽、陈衡哲夫妇结伴入川。船过石首，张伯苓站在甲板上，"万里西风吹客鬓，旧江山浑是新愁"，一种忧时忧国之情，伴着江涛涌来，遂口占一阕：

　　大江东去我西来，
　　北地愁云何日开？
　　盼到蜀中寻乐土，
　　为酬夙志育英才。

　　12月9日张伯苓到达重庆，40多位南开校友前来迎接。张伯苓游览了山城名胜，七天之后又去成都，拜会四川省建设厅厅长卢作孚等，并与那里的校

---

[1]梁吉生撰著：《张伯苓年谱长编》（中卷），人民教育出版社2009年版，第387页。

张伯苓与在重庆的南开校友。

友齐聚一堂。酒席间张伯苓谈起华北形势岌岌可危,有校友提议南开应在四川设立学校。这句话给了张伯苓很大启发。他再回到重庆考察教育时,便有了要在四川建立学校的打算。返回天津后,日益严重的局势更加坚定了张伯苓异地设校的决心。1936年1月中旬,他分别写信给行政院长蒋介石和教育部长王世杰,呈请设立重庆南开中学分校,希望给以援助。他又趁在南京与蒋介石共进晚餐之机,向蒋介石汇报在四川设校的动机和打算。蒋介石对张的设想表示赞同,并说:"发展四川,必先从教育、实业、交通各方面着手,尤其是教育,很是重要。"[1]蒋介石当即表示捐助法币5万元作为建校经费。王世杰也允诺帮助筹措办学经常费。有了蒋介石和教育当局的承诺,张伯苓喜出望外,立即从南京致电南开中学主任喻传鉴,令其"速进行"筹备工作。喻传鉴这位张伯苓

[1] 杜博民:《张校长第二次来川》,《南开校友》第2卷第5期,1937年1月15日。

重庆南开中学的创
办人张伯苓和喻传鉴。

的得力助手不敢怠慢，2月6日即率严伯符、宋挚民去重庆筹备建立中学。

有了这些前期准备，南开校董会于3月15日在天津大华饭店召开董事会
议，出席会议的有胡适、阎子亭、李芹湘，列席代表有北京大学校长蒋梦麟、
河北省教育厅厅长及张伯苓。张伯苓汇报了在重庆筹设中学的情况。他说：

近以华北环境日渐恶劣，支撑现状已属困难，实难再求发展，又查四川地
理上为西部要区，历史上号称天府，绾毂滇、黔、湘、鄂、陕、甘等省，将来发展
未可限量。以如此首要之区，实有设立中学需要，爰定在重庆设立南渝中学，现
已由南开中学主任喻传鉴同建筑科员严伯符等筹备一切。[1]

---

[1] 南开大学档案。

　　张伯苓还就建筑设备费、经常费、勘定地址及筹设南渝中学董事会等事项作了说明。校董没有异议。胡适又特别提议，对于南渝中学的董事会，请张伯苓校长积极筹备组织。

　　建校工作进展顺利。喻传鉴等三人于2月到重庆后立即在沙坪坝选定校址，购买土地，5月中旬破土动工修建校舍，8月底第一期工程告竣，同时开始招生，9月初，丹桂飘香时，喻传鉴主任主持开学典礼。张伯苓继1919年创造

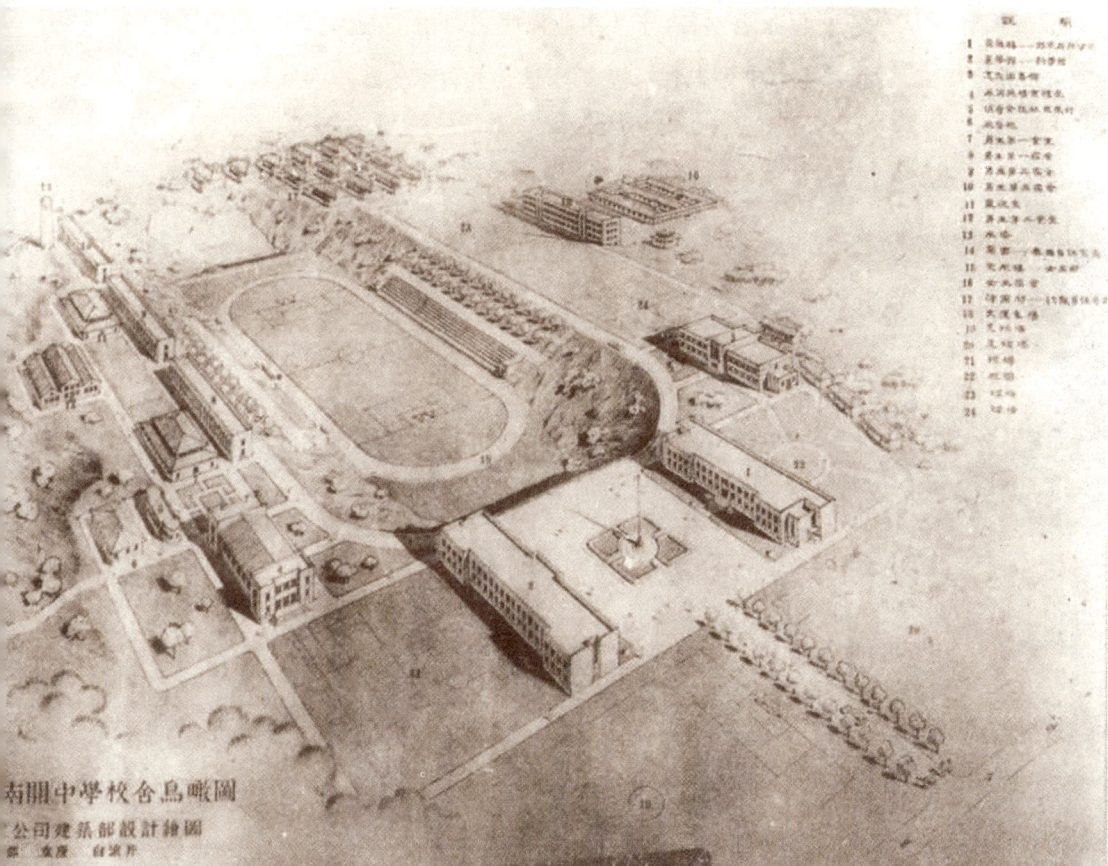

拟建重庆南开中学全景。

南开大学当年建校、当年招生、当年开学的"南开速度"之后，又在重庆创造了一个"南开速度"。川人对此啧啧称赞，把南开办事誉为"神速"。四川省和重庆市对南开在这里办学非常重视。9月27日举行新校舍落成典礼，重庆市市长代表四川省主席刘湘在大会上作了题为《对于南渝中学的希望》的讲演。

南渝中学的建立，不仅表明了张伯苓发展教育的宏大决心，也显示了张伯苓的远见卓识。

南渝中学筹建之时，张伯苓向蒋介石作了专门报告。报告中有一段话很有见解，反映了张伯苓对中等教育的理念。他说："中等教育为高等教育之基础，又为从事各种职业之预备。学生事业根底之培植，道德之训练及生活技能之培进，胥维良好之中等教育是赖。"[1] 这是教育家的真知灼见。

重庆南渝中学开学礼成后，全体师生留影。

---

[1]梁吉生撰著：《张伯苓年谱长编》（中卷），人民教育出版社2009年版，第410页。

在此期间，张伯苓又请南开校董会对成立南渝中学各项工作做了审定。出席会议的校董有颜惠庆、卞白眉、卞俶成、阎子亨，列席会议的还有教育部的代表和河北省教育厅的代表等。张伯苓报告说：南渝中学校之校址在重庆市外，离城30余里。地名沙坪坝，当巴磁要道，距城虽远，交通尚便。校址广约400亩，地势平坦，风景殊美，无城市之喧嚣，有山水之清幽，用建设校舍实属最易。

他还说：现已建成二层楼房1座，有讲室22间，礼堂兼风雨操场1座，宿舍1座，食堂1所，盥洗室、浴室、厕所各1座，教员住宅7所。现初中4个班，高中2个班，共220余人。教职员中教员11人，一部分是南开旧同人，特约去重庆帮忙，一部分为新聘，或由南开大学毕业，或在他校任职有年，皆为专任教员。职员一部已由天津南开旧同人中调往。

重庆南渝中学很快以校园美、办学水平高声闻于外，青年学子纷纷请求入学，所以学校年年都有扩大。第二年学生增至1000人，1938年增至1500人。也是在1938年，为表达对日本侵略者轰炸天津南开之愤慨和不屈之决心，遂将南渝中学更名为重庆南开中学，以昭示"重庆南开逐年发展，继续南开生命"。张伯苓在更名典礼上对全体师生和校友发表讲话："日本人炸得毁我们的校舍，炸不毁我们的爱国心……人说逢凶化吉，我说逢小凶化小吉，逢大凶化大吉……有中国，就有南开！"

这所"创建于军兴之前，成长于抗战之中"的中学位于嘉陵江畔、歌乐山麓，校址宏阔，风景优美。校舍工程、校园设计，都经过精心规划，一砖一瓦，一草一木，都有匠心独运的构想。诸如教室、礼堂、图书馆、科学馆、宿舍、教职员住宅、食堂、卫生室、合作社、大运动场等，样样具备。图书仪器、运动器械亦相当充实，在大后方中学中，实属仅见。中外友人来校参观，无不惊叹在战时后方，有如此规模宏大、设备充实的中学。重庆南开中学是张伯苓中等教育思想的集中完美体现。喻传鉴是使张伯苓教育思想在重庆生根、结果的开拓者,是张伯苓教育思想创造性的实践者。重庆南开学校的发展倾注了喻传鉴一生的心血,他把南开精神的博大精深植入重庆南开中学,并在新形势新地域创新发展,在一定意义上,重庆南开中学也是他的一个杰作。

重庆南开中学是在继承天津南开中学的教学经验和南开优良学风的基础上,在战争阴霾笼罩的特殊环境里建立和发展起来的,与抗战前的天津南开中学既有内在的联系,也有独立的制度设计和机制上的创新,是有独立校董会管理体制的学校,而不是"津变后迁川者"。四川本地及沦陷区流亡来渝的少年才俊构成了学生主体,使学校充满多元文化诉求的办学活力。重庆南开中学发展、创新了南开教育,其教学严格,教师水平高,重视教学质量和全面素质培养,突出的特色是:(1)德育、智育与体育的结合;(2)课堂教学与课外活动的结合;(3)生动活泼的学风与严肃纪律的结合;(4)一般教育与艺术教育的结合。[1]它在各方面的发展,都不愧为"战争时期中国学校的典范"。在当时国立大专院校统一招生中,录取比例和总成绩名次均在最前列十所学校以内。正如张伯苓在《四十年南开学校之回顾》一文中所说:"重庆南开,历年来参加毕业会考、大学升学考试、学生作业竞赛,均以成绩优秀,屡受政府之褒奖与嘉勉。国际友人有来渝参观战时教育时,政府当局必令南开为招待,隐然承认南开为中国战时中等教育之代表。"

如今,重庆南开中学校友中有30多位两院院士(包括中国科学院原院长周光召、中国工程院原院长朱光亚),有一大批国家重要岗位的领导者(如邹家华等)和各条战线的骨干(如茅于轼、吴敬琏、汤一介等),似群星般耀眼夺目。以一所中学培养出如此之多的国际国内的杰出人才,不仅体现了南开的教育成就,也是中国近现代教育史上值得重视的特有现象。

---

[1]丁润生主编:《张伯苓与重庆南开》,香港天马图书有限公司2001年版,第309页。

五 "教育是我老年的安慰"

20世纪30年代嵯峨建筑与湖光水色融为一体的南开大学校园。

日军炸毁南开

历史的进程并不是一个醉心"教育救国"的文人所能掌握的。战争无情地打断了张伯苓倾心经营的南开教育的发展进程。1937年7月7日，日军炮击卢沟桥，发动全面侵华战争。

7月12日日军进攻天津，占领天津东站、东局子飞机场等要冲。与此同时，日本关闭天津日租界各铁栅门，在街口检查行人，在毗连华界的各街道，堆积沙袋，设置鹿砦，置兵守卫。驻扎在临近南开大学的海光寺日本兵营的士兵则不断骚扰学校，携枪带炮到南开大学秀山堂前演习。时局一天比一天紧张。暑假开始后，大部分同学已离校回家，学校只有师生工友100多人。学校为应对事变，当即决定尽可能动员留校学生回家，交通不便而难以回乡及无家可归的东北籍学生，集中在秀山堂居住，女同学及教员眷属迁往法租界暂避。留校师生组织起来护校，分为采访组、治安组，分别负责搜集消息和巡逻警卫任务。同时，紧急整理图书仪器准备外运。从7月24日起，租用茂达汽车行汽车两辆，将贵重物资运往租界。但车经日本兵营时，日军不许通过。学校只好趁天未明疏散物资。7月28日，日军占领天津。当天下午，日军召开记者招待会宣布要炸毁南开大学。29日凌晨1点，日军开始向南开大学开炮。不得已，几位在校负责留守的教职员等坐小船到青龙潭（今水上公园）一带暂避，可被日军发现，一架日本小型飞机紧跟小船飞行，大家只得跳下船到岸边稻田里躲藏。后走到

日军炸毁南开学校，受到中外媒体的强烈谴责。图为登载在报纸上的南开大学被炸照片。

王顶堤村，用村人送来的老玉米充饥。当日上午，南开大学教员3人和学生5人冒着危险回校查看情势。这时炮声仍然不断。日机又从南大上空投下来一面红旗，于是海光寺日军炮火更猛。不久，外号房工人报告，日军坦克已到六里台。师生急忙从秀山堂撤到思源堂停船处，由工人老穆撑船行至八里台村小桥，敌机又追踪投弹。师生匆匆经吴家窑，到佟楼，进马场道，暂住法租界绿牌电车道24号南开大学临时办公处，不数日又迁往新学书院，再迁至英租界荣市81号。

7月29日、30日两天，日军连续轰炸南大。据中央通讯社报道，30日下午2时，"日炮队亦自海光寺向南大射击，其中四弹落该院图书馆后，刻已起火"。

"两日来日机在天津投弹，惨炸各处，而全城视线，犹注意于八里台南开大学之烟火。缘日方因二十九日之轰炸，仅及两三处大楼，为全部毁灭计，乃于三十日下午三时许，日方派骑兵百余名，汽车数辆，满载煤油到处放火，秀山堂、思源堂（以上为二大厦，均系该校之课堂）、图书馆、教授宿舍及邻近

日本记者冈本正次以被炸毁的南开大学为背景，拍下了这张照片。

民房，尽在烟火之中，烟头十余处，红黑相接，黑白相间，烟云蔽天，翘首观火者，皆嗟叹不已"。[1] 经此野蛮摧残，学校主要建筑物六毁其四，师生财物皆遭损失，大批珍贵图书被日军掠走。日本对此次罪恶行径毫不隐讳。30日中午，日本外务省发言人在东京接见外国记者，承认对南开大学进行了野蛮轰炸。30日以后，日军占领学校。学校"门外桥头，有日兵数名，荷枪而立"。[2] 从此，南开大学校园遭受了日本侵略者八年的蹂躏。

在野蛮炸毁南开大学的同时，日军对南开男、女中学也不放过。30日下午，日机分批轰炸南开中学，每次三四架，达十数次，轮番投弹。晚上又将女中部、初中部及教职员宿舍放火焚毁。此后不久，侵华日军东史郎所部进驻南开中学，他在日记中记下了所见的学校惨状。中学被炸时，在校学生与

[1] 1937年7月31日《中央日报》。
[2] 宋璞主编：《喻传鉴在重庆（1936～1966）》，重庆出版社2008年版，第58页。

喻传鉴、优乃如、孟琴襄、华午晴、傅恩龄、丁辅仁等，以及住在同仁里、天兴里一带的南开教职员眷属已经避入校旁的电车公司。该电车公司为比利时人经营，日本特务闻讯赶来，要公司交出南开负责人。电车公司让南开师生全部离开。喻传鉴、傅恩龄等只好到英法租界寻求避难处。先到法国租界口，不许入内；又前行到该租界的老西开入口，更有法国巡捕持皮鞭乱打逃难的中国人；最后绕到佟楼英租界入口处，托情于英租界督察员才得进入租界，并借得英租界通行证带回分给部分被困学生，并让另一部分学生充作农民，挑菜、背面粉混入法租界。经过数日，师生及同人眷属全部脱离险地。

南开大学是抗战以来中国第一所罹难的高等学府。初步统计财产损失约300万元（法币），是当时全国高等学校中战争损失最惨重的学校。对于日本侵略者的野蛮行径，中外人士莫不震惊和愤怒。1937年7月31日，黄炎培

日本画家向井润吉把被炸成一片瓦砾的南开大学用画笔记录下来，并制成军用明信片。日本军士用它向家里报平安，如今却成为日军累累罪行的铁证。

在天津《大公报》著文《吊南开大学》，指出："我敢正告敌人，尽你们的凶狠，能毁灭我有形的南开大学的校舍，而不能毁灭我无形的南开大学所造成的万千青年的抗敌精神，更不能毁灭爱护南开大学的中华全国亿万民众的爱国心理。"

蒋介石对张伯苓亲加慰勉，并当面表示："南开为中国而牺牲，有中国就有南开。"教育部部长王世杰慰问张伯苓；教育文化界的蔡元培、蒋梦麟、梅贻琦、胡适、潘公展、张元济、罗家伦、竺可桢、黎照寰、茅盾、郭沫若、冯雪峰、周扬、郑振铎、陈望道、欧阳予倩等，以及上海各大学都纷纷致电，对南开和张伯苓表示慰问。

当时正在南京的张伯苓，听到自己几十年的教育努力毁于一旦时，十分悲痛，一夜都没有合眼。但是，在泰山压顶的危难中，张伯苓显现了其坚毅不屈的品格。7月29日，他在下榻的南京中央饭店得到南开被炸的报告，他并不十

1937年7月下旬，张伯苓与蒋介石在一起。南开被炸后，蒋曾表示"有中国就有南开"。

分惊讶，因为此事早已在他的意料之中。他说："教育是立在精神上的，而不是立在物质上的。"他向中央社记者发表谈话："敌人此次轰炸南开，被毁者南开之物质，而南开之精神，将因此挫折而愈益奋励。"

但所谓祸不单行，继南开学校被毁仅仅半月，正在国民政府空军服役的张伯苓四子张锡祜，在8月14日由江西赴南京执行作战任务途中，因飞机失事，不幸以身殉国。

接踵而至的噩耗，对一位年逾花甲的老人来说，每一次的打击都可以说是致命的。但"愈挫愈励"的精神，不仅仅是张伯苓教育、鼓舞南开校友和国人的口号，同样也是张伯苓自身性格与精神的写照。得知爱子牺牲的消息，他静默片刻后，说："我把这个儿子为国牺牲，他已经尽了他的责任了。"[1]国仇家恨，反使张伯苓老而弥坚，在当年10月南开校庆之际，他又通电全国南开校友，云："教育救国，苓之夙愿。此身未死，此志未泯。敌人所能毁者，南开之物质，敌人所未能毁者，南开之精神。"他号召南开校友本南开苦干之精神，为国家民族努力，要像前方将士一样，"任何牺牲，在所不惜"[2]，以争取抗战的最后胜利。

张伯苓愈挫愈励的精神，不仅给予劫难中的南开师生极大的鼓舞，也是对全国人民强有力的昭示。《中央日报》以《南开精神》为题发表"社评"，指出："六十二岁的老人，三十四年苦心经营的学府，一朝毁灭，而所表现的态度，乃'重为南开树立一新生命'。这就是南开精神。""全国同胞应郑重记着张伯苓先生的言论，全国同胞要发挥张先生讲的南开精神。"[3]

---

[1]胡适著，昂若译：《张伯苓传》，台湾南开校友会编：《〈张伯苓〉八旬诞辰纪念册》，1956年。

[2]梁吉生、张兰普主编：《张伯苓私档全宗》（中卷），中国档案出版社2009年版，第1039页。

[3]1937年7月31日《中央日报》。

从长沙临大到西南联大

就在南开被炸后的半个月，国民政府教育部密电张伯苓，告知政府拟设立长沙临时大学，特组织筹备委员会，聘他为委员，并定于8月19日在教育部召开预备会。8月17日，张伯苓接到蒋介石、汪精卫联合署名电报，聘他为最高国防会议参议会参议员，邀赴南京中山陵开会。参加这次会议的还有周恩来、蒋百里、梁漱溟、胡适、傅斯年、甘乃光、沈钧儒等。会后，张伯苓开始忙于南开大学的南迁。他在南京设立了"南开大学办事处"，又命伉乃如在天津法租界安排留守工作，清点和保护南开迁到租界的物品，设法组织在津师生向南京集中。8月28日，教育部部长王世杰决定由张伯苓和清华大学校长梅贻琦、北京大学校长蒋梦麟组成长沙临时大学筹备委员会，三人为常务委员，杨振声为筹备委员会秘书处主任。次日，王世杰又电张、蒋、梅等，推举长沙临时大学常务委员会负责人。在他们三人中，张伯苓年纪最长。当时长沙临大正在筹备中，蒋梦麟因身体欠佳，且其父年近八旬，还滞留在杭州。对于谁坐临时大学的头把交椅，统领全面校务，蒋梦麟有所考虑。他写信告诉了胡适，胡适立即致函张伯苓和梅贻琦，转达了蒋梦麟的意见。蒋认为，临时大学实行时，"虽职务各有分配，而运用应有中心。伯苓先生老成持重，经验毅力为吾人所钦佩，应请主持一切"。胡适并在信中说明："孟邻（梦麟）兄此意出于十分诚意，我所深知。我们也都赞成此意。所以我把此意转达两公，伏乞两公以大事为重，体恤孟邻兄此意，不要客气，决定推伯苓先生为对内对外负责的领袖，倘有伯苓先生不能亲自到长沙时，则由月涵（梅贻琦）兄代表。"

担任长沙临时大学和西南联合大学常委的蒋梦麟、梅贻琦、张伯苓（从左至右）。

如此则责任有归，组织较易推行。"[1] 蒋梦麟、胡适的信真让人感动。在大敌当前的形势下，两所强校与南开这所规模不大的学校联合办学，领导人所想的是从大局出发，协调谦让，真是君子之风！蒋、梅、张三位校长具有极宽广的胸怀与超拔之气概，有"正其谊不谋其利，明其道不计其功"的器识与远见。三校能在抗战时期精诚合作，领导人这种高风亮节是个关键。

长沙临时大学于1937年11月1日正式上课。张伯苓、梅贻琦、蒋梦麟三校校长任常务委员，商决行政方针、综理全校重大事宜。此外，梅兼教务长，蒋兼总务长，张兼建设长及长沙临时大学军训队和战时后方服务队总队长。这段时间，张伯苓往返于重庆、汉口、长沙之间，出席临大常委会议，商讨处理三校联合办学的各种棘手问题，同时还要奔走各方为重庆南开中学筹募办学经费。南开教授柳无忌在给其父柳亚子的信中说道："张校长于（十一月）十三日抵长，留长十余日，即将乘长途汽车去桂林。年老了这样旅行，直是不

---

[1] 梁吉生撰著：《张伯苓年谱长编》（中卷），人民教育出版社2009年版，第480页。

易。"[1]11月20日，张伯苓搭乘王宠惠所包小火轮从长沙经洞庭湖去汉口，在轮船的餐厅谈起抗日局势，很有些人抱着悲观情绪，打算退休，或到国外。张伯苓则表示："我根本没想过要退休不干，也没想过去外国，办了一辈子教育，离不开青年，不管战局今后怎么发展，环境怎么困难，也一定把南开办下去。"[2]

实际上，三校师生在长沙留驻的时间很短。随着南京沦陷，战火逼近长沙，日军不断派飞机轰炸，学校准备迁往昆明。1938年3月初，张伯苓飞赴昆明，会合蒋梦麟，然后连续召集郑天挺、周炳琳、吴有训等人研究学校迁昆的安置问题。他与蒋梦麟还拜会了云南省政府主席龙云，面商借用校舍之事，又频繁拜访云南省教育厅厅长龚自知、云南大学校长熊庆来及缪云台等要人，以其威望通融各项事宜，为临大整体搬迁创造条件。4月，长沙临大改称国立西南联合大学。5月4日，西南联大蒙自分校开始上课，从此开始了艰苦卓绝，也是铸就辉煌的八年奋斗历程。西南联大最高行政领导机构是常务委员会，常委仍是三校校长，校务实际由常驻昆明的梅贻琦主持。张伯苓虽然多数时间寓居重庆，但他始终强有力地支持和推进西南联大的建设。

西南联大由北大、清华、南开三校组成，三校各有自己的传统和校风，也有着相同或相似的思想资源。南开始终强调与北大、清华的"通家之好"，对于联大这个统一教育实体的团结、和谐、稳固起了重大作用。联大集三校之英才，在抗日烽火中，继续发扬"爱国、民主、科学"的传统，形成了"刚毅坚卓"的校训。在物质匮乏、设施简陋、生活异常艰苦的条件下，联大克服种种难以想象的困难，取得了骄人的成就，成为民族保卫战这一特殊年代维护中国教育真谛的旗帜，受到国内外高度评价。有国外学者说："西南联大的历史

---

[1]《柳亚子家书》，岳麓书社1997年版，第533页。
[2]梁吉生撰著：《张伯苓年谱长编》（中卷），人民教育出版社2009年版，第491页。

西南联大校门。

将为世界学术界追忆与推崇……联大的传统,已成为中国乃至世界可继承的
一宗遗产。"[1]西南联大在短短八年多形成了鲜明的办学特点:一是联大师
生继承、发扬"五四"运动和"一二·九"运动的"爱国、民主、科学"精神;二
是三校都是久负盛名的学校,联合后师资阵容冠于全国,可谓大师云集,群
星灿烂;三是联大民主办学的优良传统与校领导明确的教育思想,使联大成
为学术的殿堂;四是联大兼容并包,治学严谨,注重德、智、体全面发展,人
才辈出;五是民主开明,发展进步组织,成为当时的"民主堡垒"。[2]

西南联大比当初南开大学的规模大得多。全校设有5个学院、26个系、2个
专修科、1个先修班,成为以本科为主体,包括多层次、多学科的综合性大学,
是抗战时期国内规模最大的高等学校。西南联大汇集三校精英,师资阵容强

[1]朱光亚:《国立西南联大大学史料(总览卷)·序》,云南教育出版社1998年版。
[2]朱光亚:《国立西南联大大学史料(总览卷)·序》,云南教育出版社1998年版。

大。八年中，先后有290名教授、48名副教授在联大执教，其中许多人都是各学科的著名学者。他们活跃在教学第一线，使联大各科教学充满活力和魅力，吸引着全国各地青年学生克服种种困难来校学习。八年中先后有8000余人在联大求学，毕业生有2500多人，还有1129名学生参加抗战，有的牺牲在抗战前线。联大培养出大批"兴业之才，治国之士，学术大师"，其中有杨振宁、李政道两位诺贝尔奖获得者；有为中国航天、核武事业作出突出贡献的"两弹一星功勋奖章"获得者郭永怀、陈芳允、屠守鄂、王希季、邓稼先、朱光亚；有获得国家科学奖的黄昆、刘东生、吴征镒；有78位中国科学院院士，12位中国工程院院士；有著名文学家、哲学家、社会科学家和经济学家；有著名政治家和社会活动家，有的进入了国家领导人行列；在台湾和海外有成就者也不乏其人。

西南联大的科学研究机构实际上分别隶属三校，并不存在联大研究院这样的实体组织。南开大学的研究机构主要是经济研究所和边疆人文研究室。抗战爆发后经济研究所一直设在重庆南开中学内，何廉继续担任所长，

西南联大校训。

1946年5月西南联大三常委签发的毕业证书。此时傅斯年已代替蒋梦麟，代表北京大学，成为三常委之一。

日常事务主要由研究室主任方显廷主持，所需经费主要靠自筹。1939年以后，研究所开始招收研究生，至1945年共招收7届，先后招收勇龙桂、陶大镛、桑恒康、滕维藻、钱荣堃、雍文远、赵靖、宋承先等共计37名。这时期的研究工作侧重于战时经济问题，包括对战时通货膨胀的研究，对中国农业经济的研究，编辑重庆物价、生活指数等，并出版了一批教科书及专著，在抗日大后方有较大影响。

南开大学边疆人文研究室成立于20世纪40年代初。当时张伯苓得悉云南计划修筑一条由石屏通往佛海的省内铁路，并决定从建筑经费中抽出一笔专款，委托某个单位为筑路提供沿线的社会经济、民俗风情、语言及地理环境方面的调查研究材料。他感到这是南开协助推进边疆教育的大好机遇，于是立即写信给他的朋友缪云台，最终承揽了石佛铁路沿线的相关调研工作。为此，南开大学成立了边疆人文研究室，聘请社会学、人类学研究专家陶云逵教授任研究室主任，主持全面工作。陶云逵立即带领邢庆兰、黎国彬、高华年等研究人员深入人迹罕至的云南边远地区，对红河哈尼、彝族、文山苗族、傣族、纳西等少数民族的语言、民俗、社会经济、人文地理开展

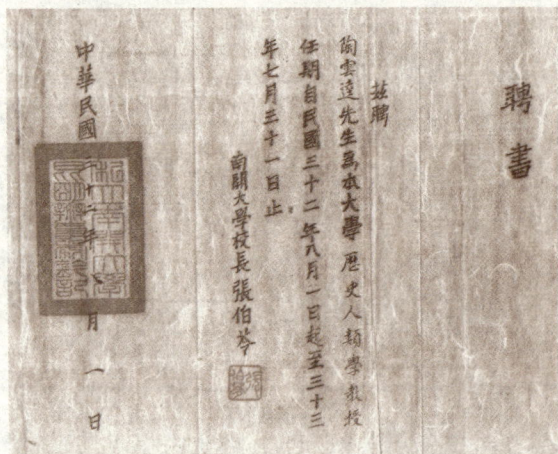

张伯苓致陶云逵聘书。

张伯苓与西南联大师范学院师生合影。

调查工作，收集到大量有科学价值的文献和文物，记录了丰富的少数民族口头流传的历史语言资料。研究室的工作受到张伯苓好评，写信称赞他们取得"良好成绩"，有关研究工作报告"内容翔实，蔚为大观"。研究室还创办了《边疆人文》学术刊物，研究人员克服物质上的困难，自刻蜡版，分工油印、装订、寄发。这个刊物荟萃了西南地区人类学、社会学、语言学的著名学者罗常培、闻一多、向达、罗庸、游国恩、马学良、袁家骅、方国瑜、张清常等人，他们都先后在该刊发表文章。《边疆人文》自1943年至1946年在昆明油印出版，分甲、乙两种：甲种是语言人类学专刊，先后出了3集；乙种是综合性的双月刊，共出3卷16期。《边疆人文》成为最早研究西南地区少数民族历史和社会的开拓性学术刊物。研究室主任陶云逵博士不顾家庭生活困难，顾不得幼子夭折，全力投入研究工作，最终病逝在工作岗位上，年仅40岁。西南联大和云南学术界罗常培、潘光旦等发表诗文痛悼这位英年早逝的青年学者。

南开大学在西南联大这个大家庭里,与北大、清华和谐相处,"八年之久,合作无间,同无妨异,异不害同,五色交辉,相得益彰,八音合奏,终和且平"。[1]这八年时间,是南开大学的重要发展时期,也是张伯苓大学教育思想的进一步深化时期。

接办自贡蜀光中学

自贡蜀光中学创办于1924年春季,初名自贡私立初级中学校,后更名私立蜀光初级中学,简称蜀光初中。到1937年抗战爆发,该校虽已有十三四年的历史,但其发展规模和水平却未达到办学者最初确定的目标。1936年南渝中学成立后,发展迅速,自贡当地绅商看到南渝的办学成绩,很希望也能按南开模式使自贡这所私立中学得到提升。1937年7月,时任四川盐务管理局局长的缪剑霜致函张伯苓,请其来自贡参观考察教育。8月,自贡绅商李秉熙、杨泽寰等24人联名致函缪剑霜,托他再次邀请张伯苓莅临自贡指导教育。张伯苓认为,这又是一个推广南开精神、促进自贡市及新四川之建设、扩大社会服务职能的机会,但面对南开大学被炸南迁、长沙临时大学筹组等千头万绪的工作,一时未能成行。到当年10月,长沙临时大学的组建稍见头绪,张伯苓即抽暇偕南渝中学校务主任喻传鉴赶赴自贡。他们到自贡时,地方绅商代表及各校学生相率郊迎者,不下两千人。张伯苓在自贡停留三天,蜀光初中特

---

[1]引自国立西南联合大学纪念碑碑文。碑在今云南师范大学内,冯友兰撰文,闻一多篆额,罗庸书丹。

约请他莅校讲演。张伯苓"鉴于自贡为盐产重心，前途发展未可限量，而蜀光学生又皆聪颖可爱，极愿对自井教育，有所效劳"，并认为，学校的校园过于狭隘，影响学校的发展，而釜溪对岸的伍家坝依山傍水，且有大片开阔地，建议购作校址。同月，蜀光初中校董会即开会，议定建筑新校舍，增添高中部，增聘张伯苓、喻传鉴为校董，并公推张伯苓为董事长。

三日后，张伯苓等离开自贡，但张伯苓仍在为蜀光中学的建设操心劳神。1937年12月，张伯苓致函缪剑霜，对蜀光中学的校园校舍设计、工程建筑办法、经费使用、人员组织，以及建筑材料的准备和工程进度等提出了明确的建议和要求。1938年3月，他在昆明对校友们说："中学教育有再推广之必要，乃于自流井地方，将原设置蜀光中学接收，现在鸠工庀材建盖校舍，容纳学生以一千人为标准，约暑假即可开学。此校开学后培植学生不少，至于吾人应尽之中学教育责任，亦可稍释重负。"并表示，自己虽已年逾花甲，却"不敢自认老大，不敢病，尤不敢死，今年六十三岁，信能自视如四十三岁，决继续为教育事业奋斗"。

1938年4月下旬，张伯苓等再赴自贡出席蜀光中学董事会，商洽该校建筑事宜。5月，蜀光中学董事会聘喻传鉴为校长。7月6日，喻传鉴、韩叔信一行前往自贡，接洽接办手续及规划应行筹备事项。张伯苓此时已是国民参政会的副议长，7月6日这天正在汉口出席国民参政会第一次大会，从此游走于政治与教育之间，并加入国民党。张伯苓过去是一直标榜"终身教育，不入政界"[1]的，就如同胡适返国后宣布"二十年不谈政治，二十年不干政治"一样。在1926年底到1927年初，北洋政府曾有任命张伯苓为教育总长及天津市市长的动议，他都力辞不就。抗战爆发后，民族大义让张伯苓终于突破了自己的政治底线，同意担任国民参政会副议长，"代表全国意见为政府之一大助

---

[1] 梁吉生、张兰普主编：《张伯苓私档全宗》（上卷），中国档案出版社2009年版，第138页。

1937年10月，张伯苓偕喻传鉴（右三）等在自贡考察该地教育。

力，替政府负担责任"。[1]对张伯苓来说，国家用人之际，参政未尝不可，教育救国之志，更有了发挥之地，但后来也给他带来麻烦。

　　喻传鉴等人在自贡的接办工作很顺利。他兼任校长，不领薪俸；韩叔信为主任，并有南开旧同人数人分任学校各部重要职务。喻传鉴的教育理念又有了新的实践场地，他既主持重庆南开中学，又开拓蜀光，表现了一位教育家公而忘私的高尚精神。喻传鉴等接手蜀光中学伊始，立即开始蜀光的改进及扩充事宜。8月，学校初中、高中开始招生。10月3日和11日，学校女生部和男生部相继开学，张伯苓请于右任题写了"私立蜀光中学"的校牌。南开校歌的庄严旋律奏响于沱江之畔，南开的"公能"传统与精神，粲然于釜溪之津，蜀光中学正式成为南开大家庭的一员。

---

[1] 1938年6月18日《新华日报》。

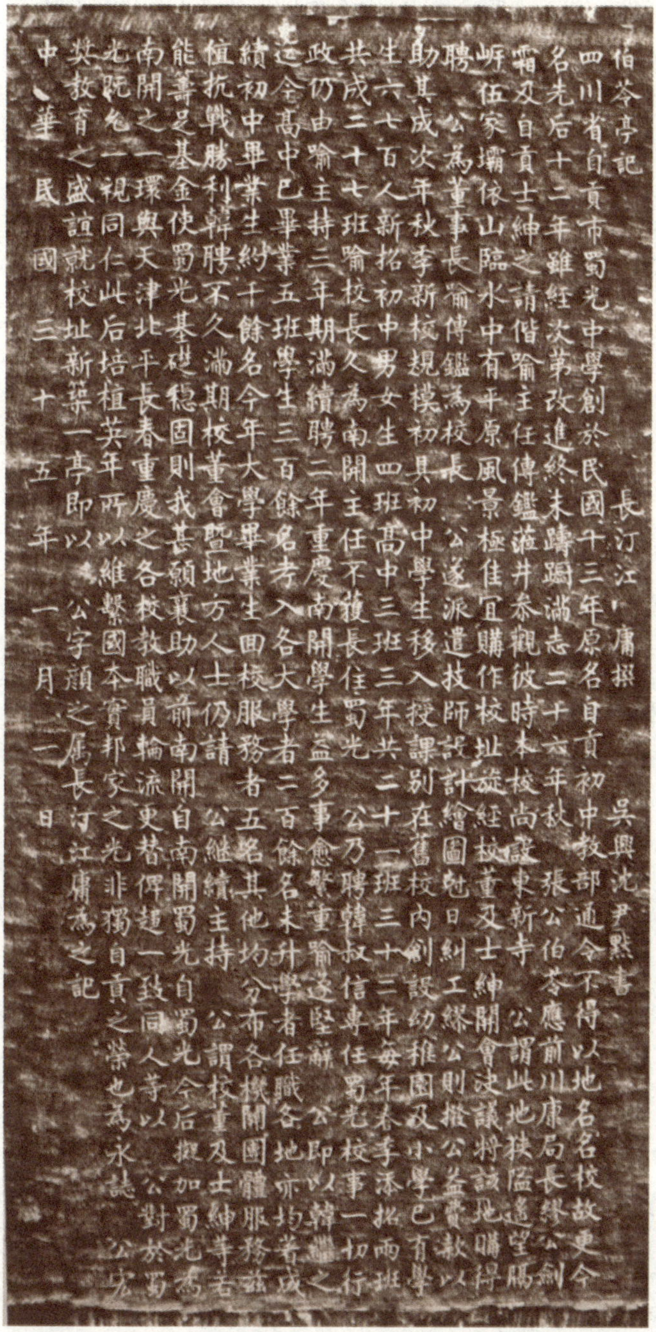
伯苓亭記　長汀江庸撰　吳興沈尹默書
四川省自貢市蜀光中學創於民國十三年原名自貢初中教部通令不得以地名名校故更今
名先后十二年雖經次第改進終未躋蹈滿志二十六年秋張公伯苓應前川康局長繆公劍
霜及自貢士紳之請偕喻主任傳鑑蒞井參觀彼時本校尚設東新寺公謂此地狹隘遠望腸
峄伍家壩依山臨水中有平原風景極佳宜購作校址旋經校董及士紳開會決議將該地購得
聘公為董事長喻傳鑑為校長公遂派遣技師設計繪圖剋日糾工繆公則撥公益費款以
助其成次年秋季新校規模初具初中學生移入授課別在舊校內創設幼稚園及小學已有學
生六七百人新招初中男女生四班高中三班三年共二十一班三十二年每年春季添招兩班
共成三十七班喻校長久為南開主任不獲長任蜀光公乃聘韓叔信專任蜀光校事一切行
政仍由喻主持三年期滿續聘二年重慶南開學生益多事愈繁董喻遂堅辭公即以韓繼之
迄今高中已畢業五班學生三百餘名考入各大學者二百餘名未升學者任職各地亦均著成
績初中畢業生約千餘名今年大學畢業生回校服務者五名其他均分布各機關團體服務茲
值抗戰勝利韓聘不久滿期校董會暨地方人士仍請公繼續主持公謂校董及士紳等若
能籌足基金使蜀光基礎穩固則我甚願襄助以前南開自南開蜀光自蜀光今后擬加蜀光為
南開之一環與天津北平長春重慶之各校教職員輪流更替俾趨一致同人等以公對於蜀
光既化一視同仁此后培植英年所以維繫國本實邦家之光非獨自貢之榮也為永誌公宏
奬教育之盛誼就校址新築一亭即以公字顏之屬長汀江庸為之記
中華民國三十五年一月一日

位于蜀光中学的伯苓亭，内立《伯苓亭记》碑，记录了张伯苓接办蜀光中学的过程和对自贡教育所作的贡献。

1939年6月中旬,张伯苓再到蜀光视察,在全校学生集会上特别讲到南开的办学宗旨:"即欲使国家、民族独立存在,须由教育入手,创办新学校、培养新精神、造就新人才。南开精神,即南开训练目标:第一是'公',第二是'能'。蜀光应培养新的精神,新的校风,即造成'公''能'的精神,更希望蜀光之风蔚为井风、川风而国风。"蜀光中学也把校训定为"公能",喻传鉴把它诠释为"尽心为公,努力增能",并把这八个大字嵌于墙上。他还具体规定了落实"公能"的一系列措施。1942年毕业于蜀光中学高中的北京大学哲学教授黄楠森著文指出:"蜀光的校训'公能'自提出来数十年深入人心,历届学生对之印象深刻,其言行受到校训影响。""'公能'可以说是对这种素质教育的最扼要的概括,最易于为人们所掌握和理解,最便于人们身体力行。"[1]

喻传鉴五年任期届满之后,由张伯苓允准,韩叔信即于1943年正式担任新蜀光中学第二任校长。韩叔信也是南开老职员,随喻传鉴到蜀光,长期担任校务主任署理校务。他接任喻传鉴做校长,一直干到抗日胜利之后,继续坚持"南开办事模式",使南开的精神和理念在自贡这个千年盐都赓续延传。

向周恩来荐人才

西安事变以后,国共两党终能捐弃前嫌实现合作。张伯苓赞成两党同舟共济,合作抗日的主张。此时,周恩来的身份不再神秘,国民党也不再高价悬赏缉拿周恩来,特别是抗日战争爆发以后,张伯苓的政治活动多了起来,与他的学生周恩来有了更多的接触机会。1937年9月9日,国民政府设立

---

[1] 黄楠森:《〈蜀光校史〉序》,蜀光中学校编:《蜀光校史》,四川人民出版社2004年版。

国防参议会，聘名流学者、各党派人士任参议员，张伯苓与共产党人周恩来、林伯渠、秦邦宪均名列其中。南开被炸后，张伯苓在南京设立南开大学办事处接待学生，筹备长沙临时大学时，他主动答应积极参加抗日学生的要求，给周恩来写信，将冷冰等同学介绍给南京八路军办事处，去陕北投奔革命根据地。之后，张伯苓向中共推荐进步青年的事，一直不断。重庆南开中学保存的数封张伯苓致周恩来的信，也许可以作为我们认识抗战时期张伯苓思想的参考资源和起点。

1937年12月16日，张伯苓写信给周恩来：

兹有南开校友杨作舟君，原任所得税事务处湖北办事处收发主任，近以国家危急，拟投笔杀敌，赴陕北工作。用特专函介绍，即请为委用。

1938年1月16日，张伯苓再函周恩来介绍罗沛霖：

兹有南开校友罗君沛霖愿到贵军作无线电设计制造及修理工作。查罗君于1931年由南开中学毕业后考入上海交大电机工程科。1935年在交大毕业后即服务广西第四集团军无线电工厂，旋入上海中国无线电业公司部工作。为人聪颖干练，学力极佳。爱驰书介绍，希酌予任用是幸。

新中国成立后，罗沛霖曾任机电部科委副主任，后当选中国科学院院士。

1938年初春，周恩来作为中共长江局负责人和国民政府军事委员会政治部副部长常驻汉口，同各方人士从容往来，会旧朋，结新交。他与在南开中学时最要好的学弟、汉口市市长吴国桢时有往还，并托人将自己的照片转交张伯苓。张于4月22日又致函周恩来：

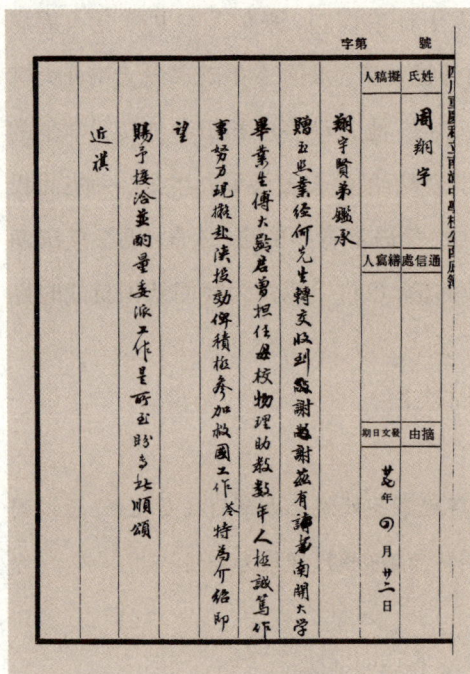

张伯苓致函周恩来，
介绍傅大龄到陕北。

赠玉照业经何先生转交收到，谢谢。兹有南开大学毕业生傅大龄君，曾担任母校物理助教数年。人极诚笃，作事努力。现拟赴陕投效，俾积极参加救国工作。苓特为介绍，即望赐予接洽，并酌量委派工作，是所至盼。

1938年5月，张伯苓为重庆南开中学筹款来到武汉，南开校友奔走相告，他们集合了108名校友在汉口金城银行二楼欢迎张校长。周恩来偕邓颖超及刘清扬前往。周恩来身穿藏青色哔叽中山装，浓眉朗目，神采奕奕。他一到来，会场顿时热烈起来。张伯苓请周恩来向校友讲话。周恩来向校友们分析了抗战形势，并指明抗战的前途，同时深情地回忆了在南开所受校长的教诲和南开精神的熏陶。聚会上，在谈到南开筹募办学经费时，有的校友指着周恩来对张伯苓说："校长，您可以领着周校友到蒋先生那里，向他要几十万块钱,这不是很好的募款方式吗?"周恩来笑了,校友们也笑了。张伯苓会心地知道,这是抗战前蒋介石悬赏周恩来首级的价码。他回到重庆还把这个插曲当笑话说给学生们听,言谈中流露出自豪的神情。张伯苓在武汉应武昌中华大学陈时校长之邀,在该校演讲时,也是这种心情,他特别说到周恩来和另外一个共产党人的名字:"我在北方,经常想到华中,想到华中,就想到中华。中华大学有恽代英,南开大学有周恩来,这都是杰出的人才,是我们两校的光荣!"接着,他又说到给周恩来写信的情况,"最近,我乘船过三峡,过滩时,船上和坡上的人同心协力动手绞滩,平安渡过险关,我有感于此,回来写了信给周恩来同学,我说国共两党只有同舟共济,协同努力,战胜恶浪,才能冲破难关,获得胜利。"[1]

6月9日,张伯苓又给周恩来写信,向他推荐民族实业家刘鸿生的儿子参加革命。

兹有刘君念悌,为上海实业界闻人刘君鸿生之公子,曾在日本留学,又在四川水泥厂供职,现有志赴陕北工作,故特为介绍,乞抽暇接见为盼。

张伯苓初涉政治,想得最多的是进一步团结整个民族,集中各方面的人才,完成民族抗战的伟业。他参加国民参政会,以及向周恩来推荐人才等,都没有政治功利性可言。

国民参政会迁到重庆后,周恩来与张伯苓有了更多的接触。当时张伯苓住在重庆沙坪坝南开中学内的教职员宿舍——津南村,这里很快成为重庆社交活动的中心之一。周恩来为广泛团结爱国人士抗日,经常到重庆南开中学

_____

[1] 吴先铭:《陈时与中华大学的几个片断》,武汉市政协文史资料研究会编:《武汉文史资料》第3辑,1983年8月。

张伯苓致函周恩来，推荐
刘念悌赴陕北工作。

拜望张伯苓，有时在学校礼堂为师生作抗战形势报告，有时去学校观看学生演出话剧，逢到校庆或张伯苓生日，他也回母校祝贺。台湾知名文学教授齐邦媛历时四年，在85岁时完成自传《巨流河》，其中特别写到她在重庆南开读书时所见周恩来受张伯苓邀请来校演讲的情景："周恩来顾念老校长的立场，只谈建国强身，赶走日本倭寇，成为世界文化大国等，似乎从未为共产主义宣传。"[1]

　　这一时期，张伯苓仍然不断介绍先进青年赴陕北工作，有时让他们持函去曾家岩50号或红岩村直接面见周恩来。周恩来返回延安不在重庆时，张伯苓便直接写信往陕北。1939年7月，周恩来因骑马跌伤，导致右臂骨折，张伯苓得知后，立即致函问候。8月18日再次写信：

---

[1]齐邦媛：《巨流河》，生活·读书·新知三联书店2010年版，第124页。

周恩来（后排右一）、邓颖超（前排中蹲者）与张伯苓（后排中间白发者）、王夫人（张伯苓身前坐者）等在重庆南开中学津南村合影。

悉尊伤未能即愈，不胜惋惜，惟远祝吉人天相，早日获痊。并祈好自摄护，为国珍重。颖超闻已前往，谅早到达，伤势日来如何，请随时示知，以免悬注。兹有李梦九君，曾在南中任教，不日将有陕北之行，李君对于贤弟，心仪已久，届时拟踵寓晋谒，藉聆馨欬，特为介绍，希即进而教之是幸。

悠悠赤子心，拳拳南开情。抗战时期，周恩来与张伯苓通过这种诚挚的友谊和不平凡的交往，为中国的抗日战争作出了积极的贡献。

南开学校四十年大庆，达一生教育之顶峰

1944年，世界反法西斯战争已进入最后阶段，日本侵略者的能量已经释放殆尽，中国全民族抗战的胜利曙光初现。1月1日，国民政府举行授勋典礼，张伯苓被授予一等景星勋章。

这一年，也是张伯苓弃戎从教，开创南开教育四十周年，南开毕业生已达3万余人，重庆南开中学经过八年的发展，也已成为抗战时期大后方中等教育的一面旗帜。中央通讯社以《南开四十周年纪念》为题发表长文，赞扬南开学校"经张伯苓四十余年惨淡经营，努力不懈，至抗战前有大学、中学、小学及研究所四部，学生达三千余人，为国内私立学校中之首屈一指者"。[1]南开四十年的发展，实践并证明了一个伟大教育家的预言。

10月16日下午4时，在杜建时等陪同下，蒋介石到津南村探望张伯苓，赞扬他桃李满天下，并说："希望中国的学校都能办得像南开这样好"，"要推广南开的教育精神和方法"。[2]

同日，张伯苓对返校校友发表讲话，谓："苓四十年来，个人做事宗旨，始终抱定'创'与'长'两字。惟'创'故年年求发展；惟'长'故时时求进步。虽在内忧外患重重压迫之中，而南开学校始终不断在扩充在进步。此种不断创造日求长进之精神，遂以造成今日之南开……我全国学友在校时饱受此精神上之熏陶，出校后希望仍本此'创'、'长'二字，为个人做人做事之楷

---

[1] 1944年10月16日《大公报》。
[2] 宋璞主编：《张伯苓在重庆》，重庆出版社2004年版，第324页。

蒋介石到重庆南开中学
津南村看望张伯苓。

模。"[1] 并表示，"我还想干十五年，我极羡慕在做事时死了，最不喜欢养老等死。"[2] 这就是一位教育家晚年的情怀。教育对于张伯苓成为一种宿命，与他的生命完全同构在一起。

10月17日，南开学校校庆日，国民政府要人陈立夫、张群、沈鸿烈、徐堪等特赠书画、致函电以示祝贺，学界名流蒋梦麟、谭仲逵、周诒春、葛敬中、曾养甫及各地南开校友纷纷来电、来函，表达欣喜祝贺之意。上午8时，在重庆南开中学运动场举行建校四十周年盛大纪念会，来宾、校友、全体师生

[1] 1944年10月17日《大公报》。
[2] 宋璞主编：《张伯苓在重庆》，重庆出版社2004年版，第61页。

菁莪樂育

南開學校成立四十周年紀念

陳立夫書贈

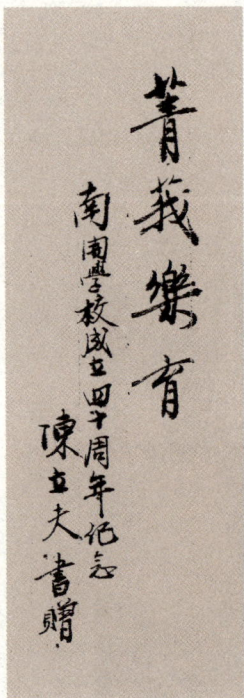

陈立夫书赠条幅。

2000余人与会。纪念会由喻传鉴主持，张伯苓发表讲话，认定中国抗战必胜，并引用蒋介石"有中国就有南开"的语典，深信南开必能复校，勉励全体同学发扬南开"公"、"能"精神，服务国家社会，为建设新中国而奋斗。

下午，学校举行运动会及学校成就展览，张伯苓及远近民众到校参观者数千人。全校各年级刊出庆祝壁报，并有13种油印刊物出版。晚上，南开剧团演出《两个人》。时在南开中学任教的郝寿臣之子郝德元在张伯苓寓所，自操鼓板演唱了《山门》中的两折。

南开教育走过了四十年漫漫长路。时移世易，往事悠悠，引起了张伯苓这位视教育为生命的苦行者的回忆与反思。校庆时，他特著长文《四十年南开学校之回顾》，首次系统地叙述了南开学校的办学宗旨、发展历程及成功的原因，全文共包括创校动机、办学目的、训练方针、学校略史、检讨工作、发展原因、结论七个部分。

张伯苓阐述南开学校简史，称南开学校创办之动机在于"严先生与苓同受国难严重之刺激，共发教育救国之宏愿"，遂使学校得以成立；南开学校办学之目的在于"痛矫时弊，育才救国"，在于矫正国人"愚、弱、贫、散、私"等病，"为培养建国人才，以雪国耻，以图自强"；南开学校的训练方针在于重视体育、提倡科学、团体组织、道德训练、培养救国力量等，培养学生爱国爱群之公德，与服务社会之能力。张伯苓认为南开学校成立四十年来，在学生方面，"南开教育似已稍著成效，并已得社会之承认"；在社会声誉方面，"历年来深得社会之信任与重视"；在政府奖励方面，"各部经费历年受政府之奖励补助至多"，深受重视。张伯苓指出，南开学校虽系私人经营之事业，但能得到不断壮大发展，其原因主要在于三点，即：(1) 南开同人多能抱有对于教育的信心，相信"国家教育必能配合政治之进步，再以教育之力量推动政治，改进政治……扶助国家，建设国家"；(2) 南开同人始终有负责合作的精神，学校人事之更动少，计划之推行易，青年学生日处于此安定秩序、优美环境中，自必潜心默修，敦品励学，养成一种笃实好学之良好校风，因以增高学校教育之效果；(3) 南开学校始终能得到社会之提携与赞助，"一部南开发展史，实乃社会赞助之记录册也"。

文章最后写道："兹值南开四十周年校庆之辰，回顾既往奋斗之史迹，展望未来复校之大业，前途远大，光明满目。南开之事业无止境，南开之发展无穷期，所望我同人同学，今后更当精诚团结，淬砺奋发，抱百折不回之精神，

《南开四十周年纪念校庆特刊》，刊载了张伯苓《四十年南开学校之回顾》一文。

怀勇往直前之气概，齐心协力，携手并进，务使我南开学校，能与英国之牛津、剑桥，美国之哈佛、雅礼（耶鲁）并驾齐驱，东西称盛。是岂我南开一校一人之荣幸，实亦我华夏国家无疆之光辉也。"

南开四十年庆典，是对张伯苓所经历的卓越教育人生以及他那典范性的志业光芒的颂扬和褒彰。

《四十年南开学校之回顾》，是一曲教育老人的岁月弦歌，是一段办学沧桑的情感回眸，是一扇爱洒学子的精神视窗。《四十年南开学校之回顾》，字字句句都在为热爱和信仰写下注脚，为后来者传递智慧和启迪。

南开复校 ——张伯苓教育的最后篇章

张伯苓一直铭记南开被炸后他发下的誓言："重为南开树立一新生命。"几年来，他无时不在思忖这件心头大事。每当时局有所好转，他就启动复校计划。抗战期间，张伯苓两次主持了这项工作，一次是1942年，一次是1944年。

1942年1月，中、苏、美、英等26个参加对德、意、日轴心国作战的国家在华盛顿发表宣言，进一步加强了世界反法西斯协同作战的行动。蒋介石就任中国战区最高司令。张伯苓预感到中国抗战胜利的脚步将会越来越近。春节期间，他借面见蒋介石的机会，谈了南开复校问题，蒋仍本"有中国就有南开"的承诺，应允南开大学复校时与国立大学同等待遇。于是，张伯苓利用寒假召回常驻昆明的南开大学主要人员，于2月17日、3月1日、3月3日、3月7日在其寓所连续召开四次"南开大学复兴筹备会"，就南开大学复校的办学规模、院系设置、学术研究、人才延揽、办学经费等问题进行讨论，并就有关的工

张伯苓与南开大学骨干黄钰生（右一）和张克忠（右二）等。

作做了分工。张伯苓在第一次会议上指出：南开大学本以前奋斗精神，仍维持私立，学校设文学院（中文、英文、历史、教育四系），理学院（算学、化学、物理三系），法商学院（政治学、经济学、商学三系），工学院（电工、化工、机械三系）；物色青年同志，学识甚深之人才，暂拟增聘10~15人，经费向联大接洽，并组织聘任委员会。经过几次讨论，一致认为，文、理、工、法商学院先行恢复，师范学院拟缓设立，农学院暂不考虑。在人才问题上，应注意青年同志、南开学生或新由国外归来之学者，急需人才亦可聘请英、美籍学者。筹款从国内外两方面进行，聘任委员会由杨石先负责。

这次讨论，为战后南开大学发展明确了方向。

第二次运筹南开复校是在1944年6月底至7月初，仍然是把昆明的主要教职员召到重庆来进行研讨。在张伯苓看来，抗战形势越来越明朗，战后南开发展问题必须早为谋划，统一思想。6月24日他在南开同人聚餐会上发表了题

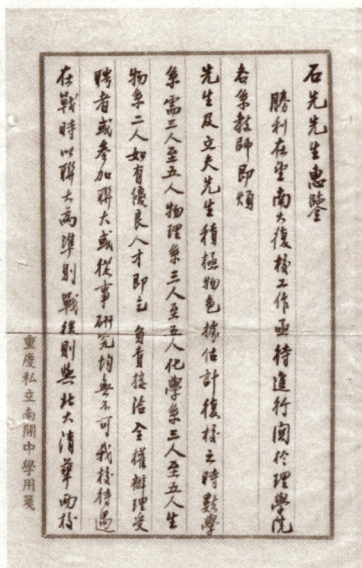

张伯苓致函时在美国的杨石
先，请其与姜立夫一起，为南开
物色教师，为复校做准备。

为《国际大势与南开前途》的讲话，特别强调了南开复校计划"是一件适时
而需要的工作"，"似应早做准备，妥为安排"。接着，张伯苓分别从校址、系
统、组织、经费及训练方针等五个方面提出了关于南开复校的构想。

其一，南开复校地址在天津。"天津地接北平，水陆冲要，工商荟萃，将
来发展希望极大。"

其二，南开学校保持私立性质。"私立学校只要有计划、有干部、有经
费，尽可以按部就班，实现理想。"

其三，天津设南开本部，各地设南开分校。天津本部包括幼稚园、小学、
中学、大学和研究所。继续维持重庆南开中学；首都及各大都会，酌情分别先
后添设分校，"以津校为根本，以分校为枝叶，由本部指挥分校，划分校隶属
本部，系统分明，组织严密"，"发挥出居中驭外，拱卫根本之实效"。

其四，经费问题，"战时愿受政府补助，战后则自筹自给"。

其五，训练青年之目标，仍根据"公能"校训，配合世界政策，放大眼光，端正趋向，从厚重远大着手，从高深广博下力，务使中国青年人人有远大的世界眼光，人人有广博的世界知识。[1]

7月1日复校研讨会开始，张伯苓本着上述精神又谈了十点意见。南开同人向张伯苓建议：一是大学复校，人才首要；二是战后经济困难与纷乱必更甚于今日，我辈当预为之谋。

张伯苓亲自抓复校问题，他向国民政府提出三点意见：

（1）南开大学未来之发展，需费甚巨。在最初十年所需之款，请按照北大、清华经费数目，由政府拨付。

（2）南开原有之校舍设备，均被敌人破坏无余，请政府就华北敌产中，指定相当财产，予以赔偿，并作学校永久基金。

（3）上项敌产，在未能奉拨变价之前，先由政府拨借相当款项，以便赶工兴建校舍，并积极进行复校工作。

同时，张伯苓还面见蒋介石说明情况。蒋收到呈文后即批转文官处，并指示文官长吴鼎昌去见张伯苓，"可与商议国立"。[2]张伯苓与吴详加商议后，仍表示坚持"人民社团名义地位"，并将原呈报蒋介石的办法作了修正：

（1）请就接收华北敌产中，指拨相当价值之产业，作为重建校舍及购置设备费，并以一部分留作学校基金。在敌产未能处理变价之前，其急需支用部分，由政府先行垫借。

（2）南开原由政府每年拨给之补助费，约占经常费总额三分之一，战时与清华、北京两校合并为西南联合大学，经费全由政府拨出。战后分别恢复，

---

[1]梁吉生撰著：《张伯苓年谱长编》（中卷），人民教育出版社2009年版，第152~154页。
[2]王文俊、梁吉生等选编：《南开大学校史资料选（1919~1949）》，南开大学出版社1989年版，第95页。

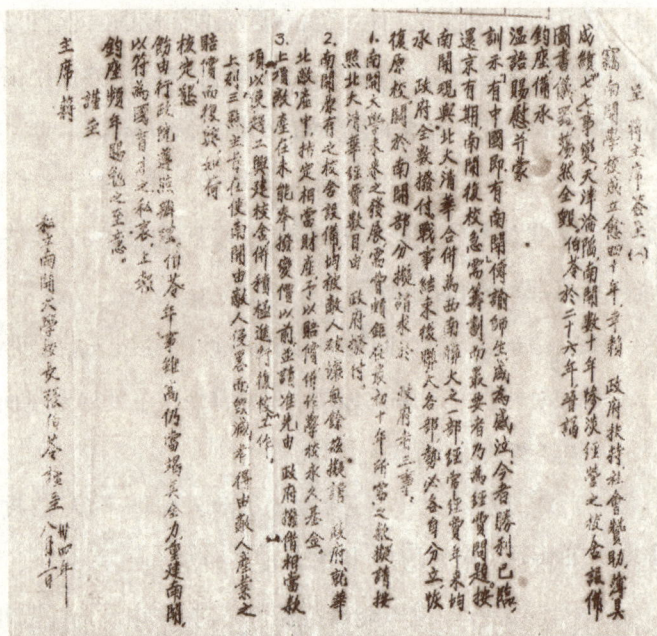

1945年8月11日张伯苓为复校事呈蒋介石文。

南开拟请对复校第一年所需之经常费,准照北京、清华两校经费比例,由政府全数补助。嗣后逐年递减十分之一,至第十一年,即全由南开自行筹措。

张伯苓本此意再次向蒋介石作了呈报。

文官处理解张伯苓的苦衷,基本同意上述两条办法。该处在向蒋介石汇报时认为:"该校在抗战以前,久为敌人所嫉视,'七七'事变后,又首遭炸毁。原签呈第一点所称,就接收华北敌产中,指定相当产业赔偿,并以一部分作为学校基金,自属合理。至敌产未能变价以前,其急需支用部分由政府先行垫借;及第二点所称第一年经常费,先由政府全数补助,以后逐年递减十分之一一节,虽无前例,惟念该校历史悠长,办理确有成绩,在抗战期间与北大、清华合组西南联合大学,其经费即全部由政府负担,战事结束后,三校将分别恢复,倘南开以私立之故竟因经费无着而致停顿,实非政府维护教育之至意，似可逾格扶持，以示奖励。"[1]但结果并未按文官处所提建议办理。1946年4月9日，教育部明令宣布南开大学改为国立，而且西南联大分配南开复校经费时，也未按照北大、清华两校经费比例拨发，在30亿复校经费中，南开只得8亿，北大得10亿，清华得12亿。

虽然张伯苓为能够独立办学作了种种努力，却终究未能实现南开大学继续保持私立的愿望。教育家的天真理想，自然敌不过政治家们的聪明"运作"。他悲戚地自言自语："我一切的委曲求全，都是为了南开呀！"

1946年4月23日，教育部电令北大、清华、南开三校恢复原校。5月4日梅贻

1946年10月17日，国立南开大学在校庆日开学复校。前排左四为南开大学秘书长黄钰生。

[1] 王文俊、梁吉生等选编：《南开大学校史资料选（1919~1949）》，南开大学出版社1989年版，第94~95页。

琦代表联大常委会宣布,西南联大正式结束。"维三校,兄弟列;为一体,如胶结;同艰难,共欢悦……神京复,还燕碣。"

1946年10月17日,南开大学在天津八里台破败荒凉的原址举行复校开学典礼。

赴美治病,获母校名誉博士

1945年,是中华民族历史上的一个重要节点。中国人民经过八年浴血奋战,终于战胜日本帝国主义,赢得了抗战的彻底胜利。国民政府颁令,张伯苓、吴贻芳、毛泽东、傅斯年、黄炎培等,各授予"胜利勋章"。毛泽东到重庆谈判时,在周恩来、王若飞陪同下还特地前往沙坪坝看望张伯苓。抗战胜利给古稀之年的张伯苓以极大的振奋,他除了忙于国民参政会各项活动外,还把更多的精力投入南开复校及有关团体的战后建设上。抗战胜利之初,张伯苓立即启动了南开复校计划,派喻传鉴、张彭春、黄钰生飞回天津,接收校产,筹备复校。10月17日,天津南开中学举行开学典礼,招收新生,南开的旗帜又飘扬在天津。

在南开中学、大学复校工作紧锣密鼓进行的同时,作为中华全国体育协进会理事长,张伯苓召集协会常务理事会议,制定了今后五年全国体育工作计划,通过了翌年召开全国运动会的决议,并且决定中国申办1952年奥林匹克运动会。作为中国教育学术团体联合会理事长,他又召集了包括中国教育学会、中华职业教育社、中国平民教育促进会等14个学术团体的年会,讨论了抗战后实施教育的计划及各团体的复员问题。

但是,张伯苓毕竟年龄大了。繁重的工作使他在1944年就患上前列腺疾

张伯苓获得哥伦比
亚大学名誉博士学位。

病。1945年年末，张伯苓病情加剧，拟去美国治疗，蒋介石予以批准，并赠送
1万美元。1946年1月12日张伯苓由渝飞沪，离开重庆时，周恩来、喻传鉴及重
庆南开有关人员前去机场送行。4月中旬张伯苓到了美国，张彭春等到纽约中
央车站迎接，随后张伯苓住进哥伦比亚长老会医学中心。经美国医生施行外
科手术，切除前列腺。

　　鉴于张伯苓在教育事业上取得的非凡成就，其母校美国哥伦比亚大学决
定授予他名誉博士学位。6月4日，学位授予仪式在哥伦比亚大学第192次毕业
典礼上举行。当时毕业大学生有4421人，有12位来自美国、欧洲和亚洲的学者
被授予名誉博士学位。张伯苓是亚洲唯一获得这一荣誉的人。

　　下午4时，毕业典礼在哥伦比亚大学南院图书馆前广场举行。几千名应届
毕业生整齐并排坐在广场中间，哥伦比亚大学各院的教授、哥大校友及应邀
出席毕业典礼和学位授予仪式的各界人士达8000余人。该校代理校长费肯
藻博士（Dr. F. M. Fackenthal）主持大会，代表学校发表讲话，宣读荣获哥伦
比亚大学优秀奖章的校友名单和名誉博士获得者名单。

当费肯藻博士高声宣读张伯苓的名字时，一位魁伟的中国人走向前台。费肯藻致颂词：

> 张伯苓，教育家，南开大学创建人及校长；设立学校，作育人才，全国景仰，举世推尊；五十年来，献身于教育事业，培植青年，改造中国，一心一德，始终不渝；实乃民族信念的象征。余兹欣然准允阁下，获得本大学名誉文学博士学位，并授予阁下所应享有之一切权利与特权。[1]

费肯藻博士宣读颂词后，郑重地将博士学位证书颁发给张伯苓，同时把代表哥伦比亚大学特色的博士服披到他的身上。

哥伦比亚大学这所享有盛誉的美国高等学府，对张伯苓五十年来献身教育事业给予了高度评价和褒扬。

这也是张伯苓继1919年由上海圣约翰大学授予名誉文学博士学位之后，获得的第二个名誉博士学位。

6月9日，旅美南开校友在纽约"华美协进社"庆贺张伯苓荣获名誉博士学位，并为他补祝七十寿诞。孟治、张平群、张彭春、司徒如坤、陈省身、陈序经、余新民、张介源等70余人出席。老舍和曹禺二人当时正在纽约访问讲学，也赶来参加。张伯苓精神矍铄，高兴地回应着校友们的问候和祝贺，同大家一起吃寿面。他和老舍同坐一桌，询问老舍讲学的情况。老舍和曹禺朗诵了署名"学生曹禺，后学老舍"的贺诗，庄谐并陈，得到与会校友们的热烈掌声。这首诗代表了南开人的心声和祝愿，也是老舍和曹禺美国之行的一个纪念：

---

[1]《哥大授张校长博士学位颂词》，《八旬诞辰纪念册》，1956年。

在纽约的南开校友陈序经、陈省身、张彭春等庆祝张伯苓七十寿诞。

知道有中国的，

便知道有个南开。

这不是吹，也不是嗙，

真的，天下谁人不知，

南开有个张校长！

……

在天津，他把臭水坑子，

变成天下闻名的学堂。

他不慌，也不忙。

骑驴看小说 ——走着瞧吧！

不久，他把八里台的荒凉一片，

也变成学府，带着绿荫与荷塘。

看这股子劲儿，

哼，这真是股子劲儿！

他永不悲观，永不绝望，

天大的困难，他不皱眉头，

而慢条斯理的横打鼻梁！

……

胜利了，

他的雄心随着想象狂驰，

他要留着沙坪坝，

他还要重建八里台，

另外，在东北，在上海，

到处都设立南开。

南开越大，中国就越强，

这并不是他一个人的主张，

而是大家的信念和希望。

他不吸烟，也不喝酒，

一辈子也不摸麻将和牌九。

他爱的是学生，

想念的是校友，

他的一颗永远不老的心！

……

我们，您的学生，

和您的朋友，

都相信，您还小的很呢！

張伯苓先生誕辰一百二十周年紀念

創南開聘名師中外桃李

建新風德望重譽載千秋

九十二歲胡絜青

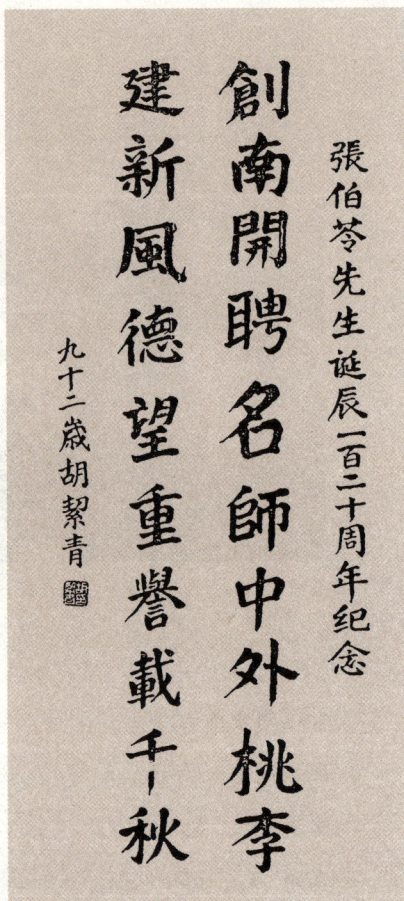

在张伯苓诞辰120周年之际，老舍夫人胡絜青题词，赞扬张伯苓的办学成就。

起码，还并费不了多大的劲，

您还有三四十年的好运！

您的好运，也是中国的幸福。

……

张伯苓在美国的一些朋友，燕京大学前校长、美国驻华大使司徒雷登，副大使恒安石的父亲恒慕义，以及哈佛大学、加州大学、辛辛那提大学、芝加哥大学等校的多位教授为纪念张伯苓七十诞辰，写了十多篇文章，编成一本文集，名为《另一个中国》（*There Is Another China*），其中也收入了胡适写的《教育家张伯苓》。司徒雷登为该书撰写了导言。

司徒雷登在导言中说：

我和张伯苓的友谊是我在中国最感到满意的一件事。近几年来，每当我见到张伯苓时，他总是说：只有他深知我的苦处，也只有我深知他的苦处。他是在述说在中国创建和支撑一所私立大学所付出的辛勤劳动。

作为燕京大学校长，在美国我有一批潜在的赞助者。美国人习惯响应国内和国外在教育和宗教方面的呼吁，他们了解传教士呼吁的目的，且有相当的财富。张伯苓没有这些优

*There is Another China*书影，该书于1948年由哥伦比亚大学皇冠出版社出版。

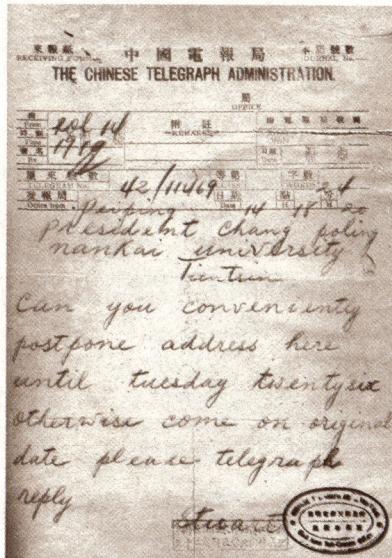

1933年9月司徒雷登致电张伯苓，商定张伯苓到燕京大学演讲一事。

越条件。在中国,高等教育一向是由国家办理的,大学经费由中央政府和省政府提供。办私立大学,张伯苓是一个拓荒者。1919年,张伯苓虽然感觉到经费短缺和管理事务会加重,但仍决定创办大学,为年轻人提供接受高等教育的机会,如果没有他积极主动的精神、丰富的想象力和不知疲倦的努力,是不可能成功的。经过努力,张伯苓从各方面筹募来款项,开创了私人捐资兴办大学的新范例。

在政局混乱的岁月里,张伯苓博士以异于常人的毅力,奇迹般地建立起他的教育体系。中国国内野心勃勃、贪婪成性的封建军阀在混战,要应付这些狡猾善变的军阀和紊乱的政局所产生的诸多问题,则非具有机智多谋、胆量和善于应变的才能不可。1937年,张伯苓早已担心的日本侵占华北的灾难发生了,日本军队残暴地对付南开师生,并把南开的校园夷为平地。日军的暴行证明了南开园里旺盛的爱国主义。珍珠港事件后,我与张伯苓经历了同样的事情——燕京大学被迫关闭了。南开大学为了捍卫自由,历尽艰苦,在云南坚持了漫长的八年,相比之下,燕京大学的困难是比较轻的。

司徒雷登还谈到他个人对张伯苓的印象,说:自从我第一次认识他,由于他清逸的风度、敏锐的观察、永恒不息的热心,以及毫无瑕疵的完整人格,他的生活就成了我的启示。

1946年,张伯苓还荣获美国另一所著名大学授予的名誉博士学位。伯克利加州大学名誉学位委员会在给该校校长的报告中称:

名誉学位委员会业于11月19日星期二4点开会,委员会的意见为:张伯苓博士,一位中国学者,应被授予加利福尼亚大学名誉学位。据我们现有的资料表明,他是中国最主要的学者和教育家之一。[1]

---

[1]美国加利福尼亚大学档案。

两顶博士帽，是外国教育界对一位中国教育家一生献身教育的赞赏和肯定。

失去做了近三十年的大学校长职务

1946年11月15日，张伯苓在美结束治疗乘船离美返国，12月18日，船抵上海。上海市市长吴国桢受蒋介石委派，与南开校友近百人到码头迎接。在上海，张伯苓接受《新闻报》记者采访，表示今后将在"发展南开"、"致力体育"、"中美文化"等三方面着手，努力工作。对于致力于体育，他说："教育里

上海市市长吴国桢（二排左三）等到码头欢迎张伯苓归国。

没有了体育,教育就不完全,我觉得体育比什么都重要。我觉得不懂体育的,不应该当校长。英美精神即是体育精神,民主政治亦即是体育精神。体验过体育中的竞争、团结、合作以后,推行民主政治要有力很多。"[1]之后,张伯苓回到天津,主持南开大学、南开中学和南开女中复校后的恢复工作。

当时,解放战争的形势迅猛发展,国民党军队在战场上节节败退,国内反内战、反独裁,要求成立民主联合政府的呼声日益高涨。1948年3月至5月,国民党政府召开"行宪国民大会",选举蒋介石为中华民国总统。蒋介石就任总统后,开始考虑五院负责人人选的问题。5月,蒋介石嘱杜建时转张伯苓电报一通,敦请张伯苓出任国民政府考试院院长。张看过电报后,沉思良久,对杜建时说:"我不愿做这些事。黎元洪当总统时曾约我当教育总长,说什么我也不干。""我是办教育的,还是办教育的好。"[2]张伯苓的确是不想就任考试院院长。还是在南京出席"国大会议"时,张伯苓就一再表示不愿做官。见张伯苓不肯答应,蒋介石的文胆陈布雷出面代蒋专电恳请:"我公不出,将置介公于万难之地。"张伯苓耐不住各方的劝请,最后复电:"介公为救国者,我为爱国者;救国者之命,爱国者不敢亦不忍不从。"但张伯苓提出三个条件:"一、只同意担任考试院院长三个月;二、南开大学校长一职,还要兼着;三、要请沈鸿烈担任考试院诠叙部部长。"[3]6月16日蒋介石主持中政会,亲自提名张伯苓为考试院院长。

对于应诺出任考试院院长,张伯苓始终充满矛盾心理,在他去南京就任之前,黄钰生曾作最后的劝告:"难道校长非得去南京不行吗?"张伯苓好久郁郁

[1]《南开校友》第2号,1947年2月15日。

[2]杜建时:《蒋介石拉拢张伯苓的经过》,《天津文史资料选辑》第8辑,天津人民出版社1980年版。

[3]杜建时:《蒋介石拉拢张伯苓的经过》,《天津文史资料选辑》第8辑,天津人民出版社1980年版。

张伯苓与戴季陶（中）、贾景德（右）在新旧两任考试院院长交接仪式上。

不语，最后叹道："蒋先生让我去跑龙套，只好去跑跑吧！"[1]他在去南京前召开的最后一次校务会议上也说："出长考试院，恳辞不获，只得应命。"

张伯苓在离开南开大学之前，给尚在美国的何廉写信，请其速归主持校务，又在7月2日召开的校务会议上决定，以杨石先、陈序经、黄钰生三人为校务委员，并电告教育部："伯苓因公晋京离校期间，校务由化学系教授杨石先代理。"他在校务会议上诚恳地说："学校为个人终身事业，决不脱离，望同仁仍本既往精神，合作一致，为校努力。"[2]

7月6日，在张群夫妇陪同下，张伯苓乘专机飞抵南京。10日上午，在考试院礼堂举行新旧院长交接任仪式。张伯苓身着夏布长衫、黑马褂，手执草扇，出席会议。原任院长戴季陶亲手将印信交付张伯苓，新旧院长先后致词。

---

[1]1979年9月黄钰生与梁吉生谈话记录。
[2]南开大学档案。

张伯苓说，兄弟不才，未曾当过官，这是第一次，也是暂时的，只同意三个月。因为南开离不开我，我也离不开南开，过几日我还回去。随后讲了一个京剧《棒打无情郎》的故事，显然与交接仪式的庄重气氛不相契合。说完又劝勉大家今后多开展文体活动，练好身体，又说他本人就爱好体育。交接仪式就这么简单，戴和张都有自己的难言之隐。就这样，72岁的新院长代替了59岁的老院长，也算是民国政治史上的一段"趣闻"吧。

张伯苓到南京不久，教育部就对他兼职南开大学校长提出异议。张伯苓兼任校长一事本来是蒋介石早已允诺的，后来又两度面允张伯苓，并先后嘱令秘书长吴鼎昌转示朱家骅遵办，但教育部坚持国立大学校长不得兼职的定章。实际上，兼职早有先例，国立北京大学校长蒋梦麟就很长时间兼任行政院秘书长，而对张伯苓却不作如此通融。已经回国的何廉十分清楚这是教育部对张伯苓施加压力。9月的一天，朱家骅到张伯苓在考试院的寓所与其谈话，并邀何廉到场。朱家骅公开提出要何廉任南开大学校长，张缄默不语，最后何廉打破僵局提出建议：张伯苓在他的考试院院长任期内，向南开大学请假缺勤，而何廉则以南开经济研究所所长的身份代行张的校长职务。张听了十分高兴，并明确地赞同了，但朱家骅却没有公开表态。次日，朱家骅以请何廉吃饭的名义，了解何廉提出这一建议的动机。何廉在他的回忆录里写道："我十分忠实诚恳地告诉他说，由于张伯苓毕生献身于南开，还由于他的年事已高，我们必须适当考虑到他的情绪。而就我看来，张伯苓是能够信任我的，并且会给我以代行他的职务的完全自由。"[1]朱家骅不得不承认，何廉的建议是明智的和可行的。于是朱何商定：何廉马上返回天津，在张伯苓请假期间代行南开大学校长职务。

10月13日，张伯苓从南京返回南开大学与何廉办理校务交接事宜。次日，

---

[1] 何廉著，朱佑慈等译：《何廉回忆录》，中国文史出版社1988年版，第292页。

学校举行何廉就职仪式，张伯苓十分高兴，他在会上发表讲话，并对何廉作了介绍。下午，张伯苓又为何廉举行招待会，全体教授出席，并邀请校友、天津知名人士及外国驻津领事代表参加。招待会后，张伯苓为何廉让出了自己在南开大学的办公室，自己回到南开中学，因为他仍然是私立南开中学的校长，在那里还有办公室。

第二天早晨，《中央日报》、天津各报以大字标题登出张伯苓辞去南开大学校长职务和何廉继长南开的消息。不久学校也收到教育部公文："三十七年十月十三日本院（行政院）第廿次会议决议：国立南开大学校长张伯苓呈请辞职，应予免职。任命何廉为国立南开大学代理校长。"[1]何廉看到报

国民政府教育部免去张伯苓南开大学校长职务令。

[1]南开大学校行政会议第九十五次例会纪录，南开大学档案。

纸后，立即到南开中学访谒张伯苓，问他是什么时候向教育部提出辞呈的。张伯苓情绪激动地回答说，他从来没有提出过辞职。何廉已经明白："这是教育部搞的对张伯苓的一次突然袭击，将他从南开大学校长职位上拉下来。"[1]

张伯苓就这样失去了自己当了近三十年的南开大学校长职位。这是他晚年参与政治结下的一枚"苦果"。

而这"苦果"还会发酵呢！

最后的时光

1948年10月30日张伯苓回到南京，11月12日即以养病为名返回重庆南开中学。

他又回到了学生中间，心里有说不出的快慰。他向记者说：我真正的兴趣是终身从事教育事业，永远和学生们在一起。

他把学生代表请到家里座谈，听取学生的意见和建议，并向大家解释："现在时局混乱，师生们都遭罪了！大家都有困难，学校面临的困难更多，可咱们南开这条'船'就一直是从困难中开过来的，今后还要在困难中开下去！""原先曾有过打算，再办几个南开中学。重庆这块宝地，人缘又好，将来也还可以办大学嘛！"张伯苓谈到这里，声音逐渐低沉下来："谁会料到时局还要乱！现有的南开中学勉强维持，南开大学保不住，只得交给政府，算国立了！"学生说："国立就不能自主了，私立也不是为私人！"张伯苓接着

---

[1] 何廉著，朱佑慈等译：《何廉回忆录》，中国文史出版社1988年版，第295页。

重庆南开中学津南村张伯苓故居，当年这里是张伯苓招待中外各届要人与招集学生谈话之所。

说："说的对，咱们南开就是要自主办学，才能更好地为社会培养实用的人才。'土货'有什么不好，南开的毕业生到处都需要嘛！""你们看那些国立、省立的公办学校人浮于事、效率不高。公家办一个学校的钱，够我们办两三个南开！""咱们南开校训讲允公允能，就是要培养爱国爱群之公德，与服务社会之能力。现在这个社会最大的弊病就是贪污腐败和无能。我们讲日新月异，就要革除掉这些旧东西！"学生问："校长过去不是讲学校不要过问政治吗？"张伯苓说："我是办教育的，本来不想过问政治，政治却要来过问我。

1950年5月3日，重庆南开中学全体教职员欢送张伯苓校长北归。

从抗战时期到重庆参加国民参政会，就开始参政议政了嘛！""原想给咱们南开多找些路子，多化点缘，早点把南开大学赎回来。其实那里也是无官不贪，无吏不污，快烂透了！"最后说道："看来不服老是不行了，开过几次刀，跑不动了。可我还是乐观的。咱们南开有好几万毕业生呢，几十年前我就讲过，中国的希望在培养人才。南开学生应该成为中国的中流砥柱。如今我老头子在前面拉不动了，这未竟的事业以后还得靠你们年轻人啰！"[1]

1949年11月21日、23日、27日，蒋介石、蒋经国父子三次赴津南村看望张

[1] 丁润生：《忆张校长1948年一席谈话的启示》，南开校友总会编：《南开校友通讯》复第24期，2001年。

伯苓，劝其去台湾或美国，张伯苓均婉言谢绝。1949年11月30日，中国人民解放军解放重庆。

1950年5月4日，张伯苓北归，喻传鉴及部分教职员工、学生代表到重庆珊瑚坝机场送行。当日抵北京，周恩来派童小鹏到机场迎接，到机场迎接的还有张伯苓好友傅作义、长子张希陆（张锡禄）等。在北京，张伯苓住在西城区小酱坊胡同傅作义家中。在此居住的四个月期间，除周恩来、傅作义外，竺可桢、陶孟和、吴有训、梅兰芳、韩诵裳、宁恩承等张伯苓的老朋友、南开的老校友，及南开大学负责人黄钰生等也都前来看望老校长。从他们的言谈中、从报纸上，张伯苓开始对新中国有了一些认识，还向周恩来谈了一些他最赞成、最高兴的事，比如人民政权的外交政策、清除贪污、进行经济建设等。

1951年春节前，张伯苓夫妇与三子锡祚夫妻、孙女媛良（前左）和孙子元龙（前右）合影。

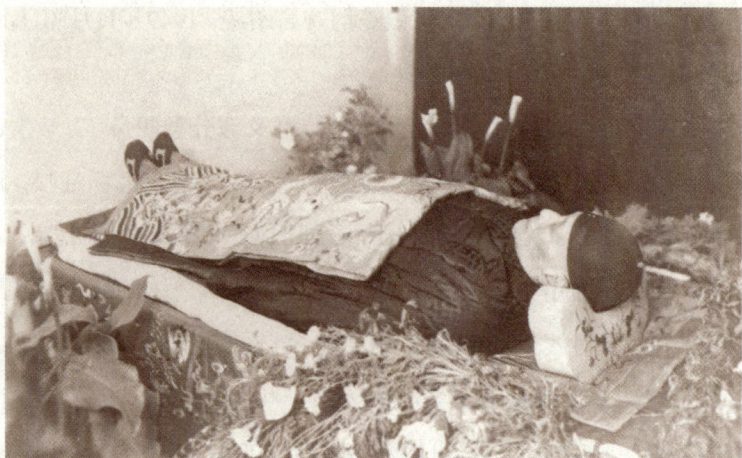

张伯苓遗体。

　　天津近在咫尺，张伯苓很想早一点回到故土，回到他一生事业的基点。9月15日张伯苓一家回到天津，在大理道租了一所房子，与三子锡祚一家同住，过起了退休老人的生活。

　　1950年10月17日南开校庆日，张伯苓本想去南开中学参加校庆，但中学方面的激进者表示了不欢迎的态度，老人未能如愿。一向坚强的张伯苓真是悲伤极了。

　　1951年2月14日晚，张伯苓突然中风，口角歪斜，不能说话。经医生抢救，病情稍有稳定，神志还清楚，但因喉咙麻痹，已不能进食，靠鼻饲法维持生命。2月23日，一代教育家悄然辞世。

　　就在其生命之门即将关闭时，他的学生、南开大学秘书长黄钰生根据他几十年来一贯的教育思想，按照他平时说话的口吻，草拟了一份遗嘱。不能说话的张伯苓用他还能表达的方式表示了赞同。

　　1951年2月26日，《天津日报》以《前南开学校校长张伯苓病逝，遗嘱友好同学拥护人民政府》为题，刊载了张伯苓的这个遗嘱：

前南開學校校長
張伯苓病逝
遺囑好友擁護人民政府

【本報訊】前南開學校長張伯苓，於本月二十三日下午六時半病逝。張氏生前友好，將於日內召開追悼會。張氏臨終前，曾留有遺囑，遺囑全文如下：

一八九七年，余憤於帝國主義之侵略，因嚴範孫先生之啟發，從事教育，五十年來，矢志未渝。凡余所嘗致力而未逮之科學教育，健康教育，愛國教育，奧我同學共勉之，以允公允能，日新月異，一一見諸實施。民政府之下，人一一現在人民政府之下，亦將積極改造，迅速發展。今日之人民政府爲中國前所未有之廉潔良好政府，其發展前途，英明正確之政策、友好同學，尤宜竭盡所能，合墓團結，爲公策。凡我友好同學，以建設富強康樂之新中國，務共努力。

余所嘗努力之南開大學，南開中學，重慶南開中學，在人民政府之下，亦將積極改造，迅速發展。

爲國限光明遠景，余將含笑待之。

擁護人民政府，余所馨香禱祝者也。

張伯苓
一九五一年二月二十三日

1951年2月26日《天津日报》刊登张伯苓故去的讣闻及其遗嘱。

张伯苓丧礼上周恩来送的花圈（右）。

一八九七年，余愤于帝国主义之侵略，因严范孙先生之启发，从事教育，五十年来，矢志未渝。凡余所尝致力而未逮之科学教育，健康教育，爱国教育，以允公允能，日新月异，与我同学共勉者，今将在人民政府之下，一一见诸实施。余所尝效力之南开大学，南开中学，重庆南开中学，在人民政府之下，亦将积极改造，迅速发展。今日之人民政府为中国前所未有之廉洁良好政府，其发展生产、友好苏联之政策，实为高瞻远瞩，英明正确之政策。凡我友好同学，尤宜竭尽所能，合群团结，为公为国，拥护人民政府，以建设富强康乐之新中国。无限光明远景，余将含笑待之。友好同学，务共努力。

1951年4月8日，在南开女中礼堂召开了一个范围不大的张伯苓追悼会。会上，黄钰生读了他写的《张伯苓先生追悼词》。悼词最后充满感情地写道：

在这追悼会中，我们怀念那个身体魁梧，声音洪亮，谈笑风生，豪爽豁达，性格中充满了矛盾，而能在工作中统一矛盾的人 —— 这个人，机警而天真，急躁而慈祥，不文而雄辩，倔强而克己；这个人，能从辛苦中得快乐，能从失败里找成功，严肃之中又有风趣，富于理想而又极其现实。我们怀念十五年前，二十年前，三十年前，教训我们，号召我们团结合作，硬干苦干，指教我们，百炼钢化为绕指柔，不取巧，不抄近，随时准备自己忠实地报效国家的那个人。我们怀念，十五年前，二十年前，三十年前，每到一处，青年们争先恐后，满坑满谷，去听他讲演，爱护青年而又为青年所敬爱的那个人，国士，教育家，新教育的启蒙者，一代人师，张伯苓先生。[1]

张伯苓就这样悄悄地走了。

---

[1] 黄钰生：《一代人师张伯苓》，梁吉生主编：《张伯苓的大学理念》，北京大学出版社2006年版，第102页。

结　语

1952年全国院系调整后庆祝南开大学成立暨开学典礼合影。

1975年4月5日，张伯苓百年诞辰。在台湾，台北士林官邸，弥留之际的蒋介石想起了逝世已经24年的张伯苓。蒋经国在日记中写道："清晨，走入父亲卧室请安之时，父亲已起身坐于椅上，面带笑容……谈及今日为清明节以及张伯苓先生百岁冥诞诸事。"[1]当天晚间11时50分，88岁的蒋介石去世。张伯苓成为蒋介石生前最后一个他所怀念的人。

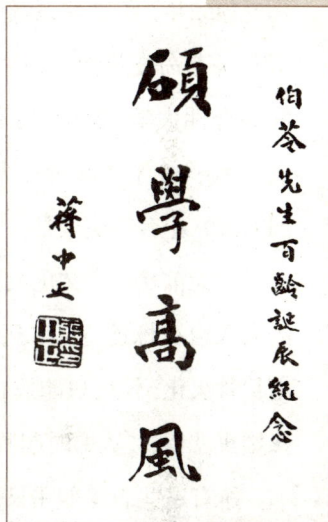

蒋介石为张伯苓百年诞辰题词。

在大陆，张伯苓的去世结束了南开一个时代。张伯苓一生呕心沥血创造的南开思想资源遇到了前所未有的危机：

——南开校歌销声匿迹；

——紫白色的校色久违于校园；

——校训成了历史的陈迹；

——"张伯苓"成了"忌语"，"旧南开"成了这三个字的代名词。张伯苓就像一颗流星，倏忽间从人们的视野中消失了。

[1]蒋经国：《守父灵一月记》，台湾正中书局1976年版，第1页。

20世纪50年代初，私立天津南开中学、私立天津南开女中、私立重庆南开中学均被政府收管，分别更名为天津市立第十五中学、天津市立第七女子中学和重庆市立第三中学，数字序列的校名取代原有"南开"字样的校牌。古墙旧瓦，沧桑老树，幢幢高楼，青青芳草，再没有了张伯苓的印迹。

1952年，经过院系调整的南开大学召开了新南开大学成立大会。张伯苓当年拼老命复员回津，由文、理、工、商四学院组成的一所多元、协调、互补的综合性大学，萎缩成了仅有数学、物理、化学、生物、哲学、中文、历史、外文、经济9个系的文理科大学；当年接收"敌产"而扩展的三处校园，又缩回旧有的八里台一块校址。

史无前例的"文化大革命"也没放过九泉之下的张伯苓，就连与之合葬的夫人也被株连。红卫兵踏平了他们的墓地，砸毁了墓碑。张家后人只得拣出尸骨火化，骨灰只能放在家中壁橱内。曾任全国政协常委的张伯苓的孙女张媛贞悲叹："从那时起我的祖父母就死无葬身之地了。"

所有这些表象似乎只是"去张伯苓化"，而实际上却造成了一所学校历史认同的颠覆和文化传统的断裂。

历史的车轮不可能长时间脱离它的常轨！一个新生的社会，不会让张伯苓这样一位探索教育先路的大教育家太久蒙尘；现在仍在享受张伯苓创业遗泽的人们，则更应该饮水思源。

严冬过后，必然是春天。"左"得可怕的年代终于过去，历史的理性之光重新开始升起。那些逝去的或者尚在蒙尘受侮的教育家们又回到了人民心中，政治清明回应了人民的呼唤。

1979年10月15日，天津市举行张伯苓骨灰安放仪式，全国政协、中共中央统战部、中共天津市委和市革命委员会送了花圈。

1981年，南开大学的哲学社会科学刊物《南开学报》（第1期）刊发《爱国的教育家张伯苓》长篇学术论文，这是"文化大革命"后最早最全面论述张伯苓创办南开及其教育思想历史贡献的文章。同年,《新华文摘》第5期转载了这篇文章。

1985年,《中国大百科全书·教育卷》为张伯苓、蔡元培、陶行知等教育家分别设立了条目。

1986年4月5日,全国政协和国家教育委员会经中共中央批准,在南开大学召开张伯苓诞辰110周年纪念大会,中共中央政治局委员、书记处书记、国务院副总理兼国家教育委员会主任李鹏发表《纪念爱国教育家张伯苓先生》

1986年在张伯苓诞辰110周年之际,南开大学为老校长敬铸铜像;1989年,张伯苓与王夫人的骨灰安置到像后基座内,张伯苓生前长眠南开园的夙愿终得实现。

的长篇讲话。他说，今天我们在南开大学集会，纪念学校的创建者张伯苓先生，表示对这位著名爱国教育家的缅怀和尊敬。张先生毕生的事业，证明他确实是一位实践教育救国信念的仁人志士。他为了国家的复兴而艰苦奋斗的精神和辛勤的业绩，后人是不会忘记的。李鹏的讲话以大量篇幅阐述了1949年前的南开对社会所作的贡献及张伯苓教育思想的价值和光辉，最后强调："张先生的一生，是进步的、爱国的一生，他办教育是有成绩的，人民将永远记住他的功劳。"[1]这一天，张伯苓半身铜像在南开大学落成揭幕，像前摆放着全国政协主席邓颖超敬献的花篮。南开的校友、教师、学生来到铜像前，向这位教育大师表达衷心的景仰。这一天，对南开，对张伯苓都可谓盛大的节日。

重庆南开中学敬塑了张伯苓花岗石全身像，四川自贡蜀光中学恢复了1946年1月敬立的《伯苓亭记》碑。

校歌重又在海河畔、嘉陵江之滨和滏溪河边响起，岁月带走了的张伯苓的故事重又流传。

---

[1] 梁吉生：《张伯苓图传》，湖北人民出版社2007年版，第240~241页。

后 记

历史不是疗伤的情歌，历史是后来者的向导。在这人心浮躁、物欲冲动的时代，尤其需要读点历史，倡导一种敬畏历史、尊重先人的风气。这些年来，我更多的是从事有关张伯苓的研究，从中得到深深的教益。

去年夏天，中央教育科学研究所储朝晖研究员与我联系，他打算与四川教育出版社合作编辑出版"20世纪中国教育家画传"丛书，要我编写《张伯苓画传》，并寄来了写作要求。我在2009年刚刚撰著《张伯苓年谱长编》三卷，并与张兰普研究员主编《张伯苓私档全宗》三卷，正想在这些资料基础上深入地写点有关张伯苓的东西。"画传"这种图文并茂、书画互补的著述形式，便于尽呈著作内容的可读性、知识性、思辨性于一体，引起我的兴趣，于是便愉快地答应了下来。我即抓紧与我的合作者张兰普研究画传体例，编拟提纲，并着手将我多年来搜集收藏的有关张伯苓的历史照片汇集起来，按编写说明分别部居。张兰普对张伯苓文物资料多有研究，与我合作有年，默契而愉快，于是先由他撰写第一稿。今年3月1日张兰普发给我第一稿，这时，我已探亲来美国，好在这里气候温和，享用方便，我便起早贪黑修改书稿，每改一个部分，就电邮返回，由张兰普作进一步修改。在此基础上，由他再次删繁补简后，又传回给我，由我统筹润色，再传回由张兰普改订，如此循环往复，稿凡五易，始成此书。由于休斯敦与天津差不多是日夜相对，一方晚上发来，另一方恰是清晨收到，就这样夜以继日，两地虽万里之隔，但现代网络设备的便利和恰到好处的时差，反而加快了书稿改订的速度。加上不时的远洋电话,更增进了联络、切磋、商讨的方便。

在本书编写过程中,除参考了我过去有关张伯苓的研究成果外,南开校友及社会同人的著述也给予我们很大帮助,书中注释尽可能说明,未能照顾全面者,谨在此特别致以谢意。

感谢南开大学档案馆、南开大学图书馆、天津市图书馆、天津市档案馆等单位多年来给予我们的支持。特别应感谢的是史小佳老师和陈育挺老师,他们与我的合作者张兰普同在一个科室,主动承担了很多的日常工作,使他能够挤出尽可能多的时间和精力用在本书的写作上。

梁吉生

2011年4月17日于美国休斯敦

把教育办得更好
（代跋）

储朝晖

  提倡教育家办学是提升中国教育品质的必由路径，令人遗憾的是，近三十年对教育的实地调查使我深感无论是在教育业内还是整个社会，对教育家的认识都是极度模糊的。

  在我心存为解决这一问题做点什么的愿望时，四川教育出版社前任社长安庆国先生说他一直想出版一套《20世纪中国教育家画传》丛书而未能如愿。于是，我们决定合力将这件事做好，以期对传承、传播教育家的办学理念，促进教育家办学有所裨益。这便是这套丛书编写和出版的缘起。

  在丛书编写和与各卷作者交流的过程中我体会到，一个时代是否有教育家是与两个方面相关的：一是这个时代是否需要教育家；二是这个时代是否具有产生教育家的环境。可以说任何时代都有具有教育家潜能和品质的人，但只有独立思考，并能依据其独立思考自主实行教育教学的人，才能成为教育家。因此，凡是学人能够自主的时代，出现教育家的概率就高；而在学人不能自主的时代，就不会出现教育家。如果真的期望教育家出现，就要创造教师能够自主教学，学生能够自主学习，校长能够自主办学的社会与制度环境，否则就不可能出现真正的教育家，也不可能培养出杰出人才。

  教育家的认定最可靠的方式是社会认同，获得较高社会认同的教育从业者，能被社会高度认同为教育家的人就是教育家。当今尚不存在哪个专家或某个机构具有确认教育家的资质。限于条件,这套丛书还不能对所选传主通过全民投票的方式来确定,但所选的十位传主确是经过教育史专业的学者海选而产生的,他们选出了王国维、蔡元培、陶行知、张伯苓、胡适、梅贻琦、黄炎培、徐特立、陈鹤琴、晏阳初,在20世纪中国教育史上,他们发挥的教育家作用是毋庸置疑的。令我们感到惊诧的是,他们在那个年代就已经相互认识,大都有过直接交往,其中一些人之间还是挚友,这应是志同道合使然。

除了外部认同,教育家必备的内部品质有三种:一是博爱之心,执著地爱学生、爱教育工作、爱人类未来的发展;二是独立思考和不懈求新,教育已经是数千年的专业工作,不能独立思考和创新的人是难以成为教育家的;三是有从事教育工作的专业潜质,能敏锐地发现教育问题,并以独特的思考和行为解决问题。有了这三种品质,在外部条件许可的情况下就会产生诸如教育思想、办学业绩、论著等结果。

是否称得上教育家,最根本的是看他是否教人做人,能否依据学生不同的潜能、个性和志向培养出值得他自己崇拜的人。一个人的学业成绩仅仅是他成长发展的一个方面,学业成绩高并不一定就发展得好,教出考试成绩高的学生也不是教师成为教育家的垫脚石。近三十年来有不少学生得了各类国际奥林匹克奖,却未能成长为相关领域真正的专家。陶行知主张办知情意合一的教育,有一段很有针对性的话:"知情意三者并非从割裂的训练中可以获取。书本教育也许可以使儿童迅速获得许多知识,神经质的教师也许可以使儿童迅速地获得丰富的感情,专制的训练也许可以使一个人获得独断的意志,但我们何所取于这样的知识,何所取于这样的感情,何所取于这样的意志?知情意的教育是整个的,统一的。知的教育不是灌输儿童死的知识,而是同时引起儿童的社会兴趣与行动的意志。感情教育不是培养儿童脆弱的感情,而是调节并启发儿童应有的感情,主要的是追求真理的感情;在感情之调节与启发中使儿童了解其意义与方法,便同时是知的教育;使养成追求真理的感情并能努力与奉行，便同时是意志教育。意志教育不是发扬个人盲目的意志，而是培养合于社会及历史发展的意志。合理的意志之培养和正确的知识教育不能分开，坚强的意志之获得和一定情况下的情绪激发与冷淡无从割裂。现在我们要求在统一的教育中培养儿童的知情意，启发其自觉，使其人格获得完备的发展。"坦率地说，现在不少学校的学生成绩就是以割裂的方式获取的，这样的学校教育就不能说是真正在教育人，也不可能造就出教育家。如果不能走出这个误区，教育家的出现就永远只能是梦想，教育家办学就只会蹈空。

中外历史上所有教育家的人生旅程都是历经波折，艰难求索的过程。他们虽未自称是教育家，却都在青年时期就有高远的志向，如孔子"十有五而志于学"、陶行知"要让每个中国人都受到教育"，都是普通而又高远的追求。为了实现人生目标，他们不畏权势、不为名利，"捧着一颗心来，不带半根草去"，贫贱不移、富贵不淫、威武不屈、美人不动。教育家的出现首先需要有尊道抑势、以人类发展进步为己任的大胸怀，需要终生不辍的求索和行动。

教育家群体的出现需要有适宜的制度与社会环境，要让有教育家天赋的人敢想、敢干，能想、能干，这种社会条件往往不是一个人、一个机构、一个政策所能创造的。从现实状况看，教师的自主性和创造性未能得到充分发挥确是现有教育管理体制的缺陷，而改变现有体制使更多的人能遵循教育内在规律更高效地工作，就是应该尽快解决的实际问题。

这套丛书突出传主的教育思想、办学理念、办学实践，尤其凸显传主的教育家精神，希望真正激励一批有志教育的人成为教育家，切实有效地推动中国的教育家办学进程。

这一想法的实施是一项艰巨的任务。黄延复先生因与我都有弘扬大学精神的共同心愿而成为忘年之交，在《梅贻琦画传》的写作过程中，我俩仅打过几次电话，便能对对方的想法灵犀相通。在他的指导下，青年学者钟秀斌领悟得很到位，花一年多时间完成了《梅贻琦画传》书稿。年近八旬的戴永增先生，二十多年如一日地进行徐特立研究，我俩因此而成为无话不说的老朋友。说起徐特立，他就像做专题报道，滔滔不绝、如数家珍。为了《徐特立画传》的编写，他亲自找到北京理工大学郭大成书记，要求将这一工作列为该校的一个科研项目；同时他再三鼓励、全力帮助以靳贵珍老师为主的青年学者写作，提携后辈不遗余力。当书稿完成后他在电话中明确坚定地告诉我自己不署名。同样，华东师范大学中国史学研究所房鑫亮教授对《王国维画传》的写作给予大力支持，一开始就明确表示愿意以《王国维全集》的编辑工作为基础，指导徐旭晟博士完成书稿，但自己坚决不署名。这本身就是本套丛书所追求的精神境界之一。

对本套丛书给予直接帮助的个人和团体还有：中国人民大学教授程方平，中国教育研究院徐卫红、夏辉映，北京师范大学教授顾明远、孙邦华，北京理工大学教育研究院，在此一并致谢。此外，由于本套丛书参考的文献浩繁，标注的引文及参考文献或属挂一漏万，对于这种情况，我们在此一并致歉并致谢！

在本套丛书即将出版之际，真诚感谢对各位传主研究有素的专家乐意担任各分册作者。在这个作者队伍当中，既有与我交往数十年的老朋友，也有为完成这次任务而结识的新朋友。在编写和出版这套丛书的基本理念上，我们在认识上高度一致，在情感上高度愉悦，遇到各种困难能够设法克服，较好地保证了这套丛书的内容深度和质量。在此，尤其要感谢前辈学者黄延复、宋恩荣、梁吉生、戴永增、金林祥诸位先生，他们有人和我交谈时说这次的写作是绝笔之作，更令我肃然起敬且感到难以担当，但愿我们的真诚能有助于读者更好地领会各位教育家的精神真谛，碰撞出当今社会更多的真诚，把教育办得更好。

四川教育出版社现任社长雷华、总编辑胡宇红、副社长李晓翔和王积跃对整套书的出版给予了大力支持；张纪亮主任和各位责任编辑为丛书出版花费了大量精力；同时我的爱人胡翠红做了大量资料查阅、梳理工作。在此一并致以诚挚的谢意！

　　尽管本人及各位作者在写作时尽了最大努力，但丛书的缺点和不足在所难免，恳请方家和读者批评指正，所提意见可直接发到我的邮箱：chu.zhaohui@163.com，在此先致谢忱。

2012年3月28日